［過去問］

2024
国立学園小学校
入試問題集

・問題内容についてはできる限り正確な調査分析をしていますが、入試を実際に受けたお子さんの記憶に基づいていますので、多少不明瞭な点はご了承ください。

Shinga-kai

国立学園小学校

過去10年間の入試問題分析
出題傾向とその対策

2023年傾向

考査は例年通り授業形式で行われ、ペーパーテストは例題で解き方の説明をされた課題もありました。個別テストではマグネットブロックを使用した構成や、観察力の課題が出題されました。集団テストと運動テストも例年通りで、勇気を持って挑戦できるか、お友達と協力できるかが試されました。面接は2021年度よりオンライン形式でしたが、今年度は対面形式で行われました。

傾　向

例年、考査は１日で、ペーパーテスト、個別テスト、集団テスト、運動テストが行われます。所要時間は１～２時間です。ほかに考査日前の指定日時に親子面接があります。考査は男女８～20人に６人前後のテスターがつき、テストというよりも授業のように進められ、途中で「どうしてそう思ったの」と聞かれることもあります。プリントの枚数は７、８枚で、考査日により若干内容が異なっています。ペーパーテストでは、数量、言語、話の記憶などがよく出題され、おはじき、パターンブロックなどを実際に使う課題が含まれることがあります。数量では、数の操作をしたり、ピッタリとゴールに着くことができるサイコロの目を探したりするすごろくの問題といった、考える力を見る課題もあります。言語の課題ではしりとりのほか、同頭語、同尾語など音に注目する問題が出題されています。推理・思考ではジャンケンや鏡映図などが出されており、テスターがお手本を見せてくれたり具体物を使って考えたりすることがありますが、指示が複雑で応用力が求められる課題も多いです。話の記憶は、ペーパーテストのほかに個別テストや集団テストで出題された年もありました。個別テストは、推理・思考、巧緻性、構成、言語などの課題をテスターの前で行います。具体物を使った課題が毎年出題され、よく考えてしっかりと答える力、自分の感じたことを伝える力が必要です。構成はプレートやカードを使っての枠はめなどが出題されています。また、パズルのピースを置いたり、マグネットブロックやパターンブロックなどを使う課題もよく出され、ものの扱いや巧緻性も見られています。集団テストでは、みんなで協力して積み木やペットボトル、メガホンなどを使い、お手本と同じものを作る行動観察が毎年出題されています。運動テストでは平均台が毎年出題されています。「電車通学や学校の遊具で遊ぶことを考えて、年齢相応の平衡感覚と実行力があるかを見ている。ペーパーテストの対策をするよりも平均台に上がってほしい」と教頭先生が学校説明会でお話しされた年もありました。親子面接の所要時間は10～20分程度で、2021、2022年度はオンライン形式が主でしたが、2023年度は例年通り対面形式で行われました。

対 策

ペーパーテストでは数量や推理・思考の課題の中で具体物を使って考えていくものがよく出されています。他校ではあまり見られないような出題内容のものもあり、解くテクニックを教えられているだけでは対応できないケースがあります。そういった課題では、「なぜだろう」「どうしてこうなるんだろう」と自ら考える力があるかを見られているようです。テスターが言うことを興味を持って聞けるか、自分で行ってみようという意欲や根気がどれだけ備わっているかがポイントです。遊びをテーマにした問題も多いので、すごろく（位置の移動、数）、ジャンケン（勝敗）、将棋（約束のある進み方の理解）、オセロ（観察力、約束の理解）など、いろいろな遊びを通して、「こうするとこうなる」という原因と結果の関係を考えられるようにしましょう。ゲームに本気になって遊ぶ中で、「なかなか勝てない、でも頑張ろう」という意欲や、「こうやって失敗したから、次はこうしよう」という工夫力も育まれていきます。また、複数の指示が重なって出題されることもあるので、きちんと指示を聞いて、何を問われているか、どう答えればよいのかを理解できることが大切です。個別テストではパズルやパターンブロック、プレートなどを使用した構成がよく出題されていますから、日ごろから遊びに取り入れ経験を積んでおきましょう。集団テストの行動観察は、お友達と協力して物事にあたり、責任を果たせるかがテーマといえます。初めてのお友達とも気後れせずに話すことができるよう、また、１つのことをみんなでする楽しさが実感できるよう、いろいろな体験をさせましょう。同時に手先の巧緻性を高めるような、細かな作業に慣れておくことも大切です。また、紙芝居形式でお話を聞いて質問に答える課題が、毎年出ています。相手に伝わるように話す力は、周りの大人たちや子どもたちの話を聞き、また自分の話を聞いてもらう経験で育ちます。お子さんが楽しく話をしているときには聞き流したり、逆に言い方や文法の間違いなどを細かく指摘したりするのではなく、最後までお子さんの話を聞いてあげる姿勢を大切にしましょう。伝えたい気持ちがあっても、語彙が足りないと思うように伝えることができませんから、お子さんに話しかけるときには「あれ」「それ」といった指示語ではなく、きちんと名称を伝えるよう心掛けましょう。

年度別入試問題分析表

【国立学園小学校】

	2023	2022	2021	2020	2019	2018	2017	2016	2015	2014
ペーパーテスト										
話	○	○	○	○	○	○			○	
数量	○	○	○		○	○	○	○		○
観察力										
言語	○	○	○	○	○	○	○	○	○	○
推理・思考				○				○	○	
構成力										
記憶										
常識			○			○				
位置・置換										
模写										
巧緻性		○	○							
絵画・表現										
系列完成										
個別テスト										
話							○			
数量										
観察力	○	○								
言語		○				○	○			
推理・思考				○		○				○
構成力	○	○	○		○		○	○	○	○
記憶										
常識	○					○				
位置・置換										
巧緻性						○		○		○
絵画・表現										
系列完成										
制作										
行動観察										
生活習慣										
集団テスト										
話								○		○
観察力										
言語								○		
常識										
巧緻性										
絵画・表現										
制作										
行動観察	○	○	○	○	○	○	○	○	○	○
課題・自由遊び										
運動・ゲーム										
生活習慣										
運動テスト										
基礎運動										
指示行動										
模倣体操								○	○	○
リズム運動	○	○	○	○	○	○				
ボール運動										
跳躍運動	○	○	○	○	○	○	○	○	○	○
バランス運動	○	○	○	○	○	○	○	○	○	○
連続運動										
面接										
親子面接	○	○	○	○	○	○	○	○	○	○
保護者(両親)面接										
本人面接										

※伸芽会教育研究所調査データ

小学校受験Check Sheet

お子さんの受験を控えて、何かと不安を抱える保護者も多いかと思います。受験対策はしっかりやっていても、すべてをクリアしているとは思えないのが実状ではないでしょうか。そこで、このチェックシートをご用意しました。１つずつチェックをしながら、受験に向かっていってください。

＊ペーパーテスト編

①お子さんは長い時間座っていることができますか。

②お子さんは長い話を根気よく聞くことができますか。

③お子さんはスムーズにプリントをめくったり、印をつけたりできますか。

④お子さんは机の上を散らかさずに作業ができますか。

＊個別テスト編

①お子さんは長時間立っていることができますか。

②お子さんはハキハキと大きい声で話せますか。

③お子さんは初対面の大人と話せますか。

④お子さんは自信を持ってテキパキと作業ができますか。

＊絵画、制作編

①お子さんは絵を描くのが好きですか。

②お家にお子さんの絵を飾っていますか。

③お子さんははさみやセロハンテープなどを使いこなせますか。

④お子さんはお家で空き箱や牛乳パックなどで制作をしたことがありますか。

＊行動観察編

①お子さんは初めて会ったお友達と話せますか。

②お子さんは集団の中でほかの子とかかわって遊べますか。

③お子さんは何もおもちゃがない状況で遊べますか。

④お子さんは順番を守れますか。

＊運動テスト編

①お子さんは運動をするときに意欲的ですか。

②お子さんは長い距離を歩いたことがありますか。

③お子さんはリズム感がありますか。

④お子さんはボール遊びが好きですか。

＊面接対策・子ども編

①お子さんは、ある程度の時間、きちんと座っていられますか。

②お子さんは返事が素直にできますか。

③お子さんはお父さま、お母さまと３人で行動することに慣れていますか。

④お子さんは単語でなく、文で話せますか。

＊面接対策・保護者（両親）編

①最近、ご家族での楽しい思い出がありますか。

②ご両親の教育方針は一致していますか。

③お父さまは、お子さんのお家での生活や幼稚園・保育園での生活をどれくらいご存じですか。

④最近タイムリーな話題、または昨今の子どもを取り巻く環境についてご両親で話をしていますか。

section
2023 国立学園小学校入試問題

選抜方法

考査は２日間のうち希望する１日で、10～20人単位でペーパーテスト、個別テスト、集団テスト、運動テストを行う。所要時間は約１時間30分。考査日前の指定日時に親子面接が行われる。所要時間は10～20分。

ペーパーテスト

筆記用具は鉛筆を使用し、訂正方法は//（斜め２本線）。出題方法は口頭。

1 話の記憶・言語

（８枚の絵を順番に見せられ、紙芝居形式でお話を聞く）

「かける君とリスさん、野ネズミ君、ウサギさんがかくれんぼをしました。『ジャンケンポン』。最初はかける君がオニになりました。『１、２、３……もういいかい？』『もういいよ』。かける君が動物たちを探し始めると、茂みのところに長い耳が見えていました。『ウサギさん、見一つけた』。次に岩の近くでクスクスと笑い声が聞こえたので、岩の後ろをのぞきました。『野ネズミ君、見一つけた』。それから、森の方に行くと切り株からかわいいしっぽが見えています。『リスさん、見一つけた』。かける君は全員見つけることができました。『もう一回やろうよ』『ジャンケンポン』。今度はリスさんがオニです。かける君は茂みに潜り込みました。『痛っ』。かける君の脚にイバラのとげが刺さって少し血が出てきました。かける君が泣くのを我慢していると『だいじょうぶ？　この緑の葉っぱを傷につけるとけがが治るよ』とバッタ君が教えてくれました。その通りにするとすぐにけががよくなり、かける君が『バッタ君、ありがとう』と、お礼を言ったそのときです。バッタ君は何かに驚いたように、急にかける君のポケットに飛び込んできて、小さな声で『ちょっと隠れさせて』と言いました。すると、すぐにモズが飛んできて木の枝に止まり、かける君に『この辺でバッタを見たかい？』と聞きました。見つかるとバッタ君が食べられてしまいます。『ううん。見てないよ』と答えるとモズは飛んでいきましたが、まだかける君の胸はドキドキしていました。かける君は『まだ隠れていた方がいいよ』とバッタ君に小さな声で言い、茂みから出て様子を見ました。ちょうどそのとき、『かける君、見一つけた』とリスさんに見つかってしまいました」

・お話の中で野ネズミ君が隠れた場所に○をつけましょう。
・かける君の胸はどうしてドキドキしたと思いますか。手を挙げて後ろの先生にお話ししましょう。

・あなたはかける君のように誰かを助けたことはありますか。手を挙げて後ろの先生にお話ししましょう。

2 言　語（しりとり）

・左から順番にしりとりでつなげるためには、空いている四角に何を入れたらよいですか。ふきだしから１つずつ選んで○をつけましょう。

3 数量（進み方）

サルとネコの駒が用意されている。左端のマス目のそれぞれの顔の上に駒を置き、そこから動かしながら考える。

A

・サルとネコがジャンケンをしながらマス目を進みます。一番上の二重四角の中がお約束です。グーで勝ったら１つ、チョキで勝ったら２つ、パーで勝ったら５つマス目を進み、あいこならマス目を１つ戻ります。負けたときは動きません。では、すぐ下の絵のようにサルとネコが４回ジャンケンをして、その下にあるそれぞれのマス目をお約束通りに進むと、最後にどのマス目に着きますか。着いたマス目に○をかきましょう。

B

・今度はサルとネコが絵のように４回ジャンケンをしてお約束通りにマス目を進み、それぞれ丸がかかれたマス目に着きました。２回目のジャンケンでは、サルとネコはどの手を出しましたか。顔の下からそれぞれ選んで、○をつけましょう。
・その下の段です。同じように４回ジャンケンをして、それぞれ丸がかかれたマス目に着きました。３回目にサルとネコはどの手を出しましたか。顔の下からそれぞれ選んで、○をつけましょう。

個別テスト

4 構　成

マグネットブロック（正方形６枚、正三角形４枚）が用意されている。例題１、２の後で課題を行う。

（例題として行う）
・四角を６枚使って、どこにも穴ができないように組み立てましょう。
・三角を４枚使って、どこにも穴ができないように組み立てましょう。

（課題として行う）
・三角２枚と四角３枚を使って、どこにも穴ができないように組み立てましょう。
・三角４枚と四角５枚を使って、どこにも穴ができないように組み立てましょう。

5 観察力・常識

横断歩道のイラスト、シャンプーとリンスの入れ物、通常はがきとくぼみ入りはがきが用意されている。

・点字ブロックは何のためにあるか考えてみてください。目の不自由な人が、つえや足の裏で道がわかるようにするためですね。ここにある入れ物やはがきも、目の不自由な人が使いやすいように工夫されています。どのような工夫がされているか考えて、先生にお話ししましょう。触ってみてもいいですよ。

集団テスト

6 行動観察

5、6人のグループで行う。お手本の写真（1、2）、積み木、スポンジブロック、大小のゴムボール、ペットボトルとふた、メガホン、紙コップなどが用意されている。

・用意されているものを使って、お手本の写真と同じものをグループごとに協力して作りましょう。終わったら片づけをしてください。

運動テスト

平均台・ジャンプ

坂になっている平均台を渡り、跳び箱に上がってマットの上に飛び降りる。

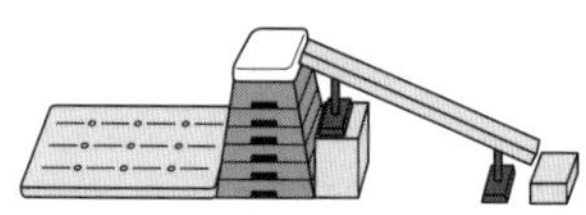

ケンパー

置かれたフープの中を、行きはケンケンケン・ケンパー・ケンパーで進む。帰りは反対にパーケン・パーケン・ケンケンケンで戻る。

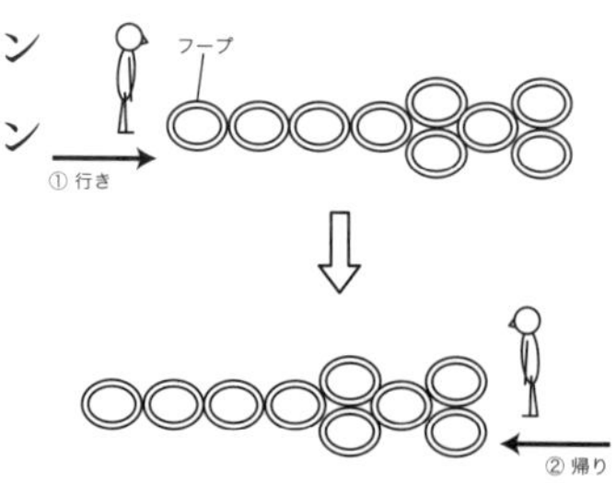

親子面接

本人

・お名前と幼稚園（保育園）の名前を教えてください。
・幼稚園（保育園）では何をして遊びますか。
・幼稚園で好きな遊びは何ですか。
・好きな食べ物は何ですか。
・お父さん、お母さんにどのようなことでほめられますか。
・小学校に入ったらどんなことをやってみたいですか。
・小学校ではどんな勉強をしたいですか。
・将来何になりたいですか。

父親

・志望理由についてお聞かせください。
・学校に期待することは何ですか。
・中学受験について、どのようにお考えですか。
・お子さんの名前の由来を教えてください。
・どのようなときにお子さんをしかりますか。
・本校に質問したいことはありますか。
・通学経路について教えてください。

母親

・志望理由についてお聞かせください。
・本校をどこで知りましたか。
・ご家庭の教育方針についてお聞かせください。
・本校の印象をお聞かせください。
・学校に期待することは何ですか。
・お子さんは一言で言うと、どのようなお子さんですか。
・通学や健康状態のことで伝えておきたいことはありますか。

1

2

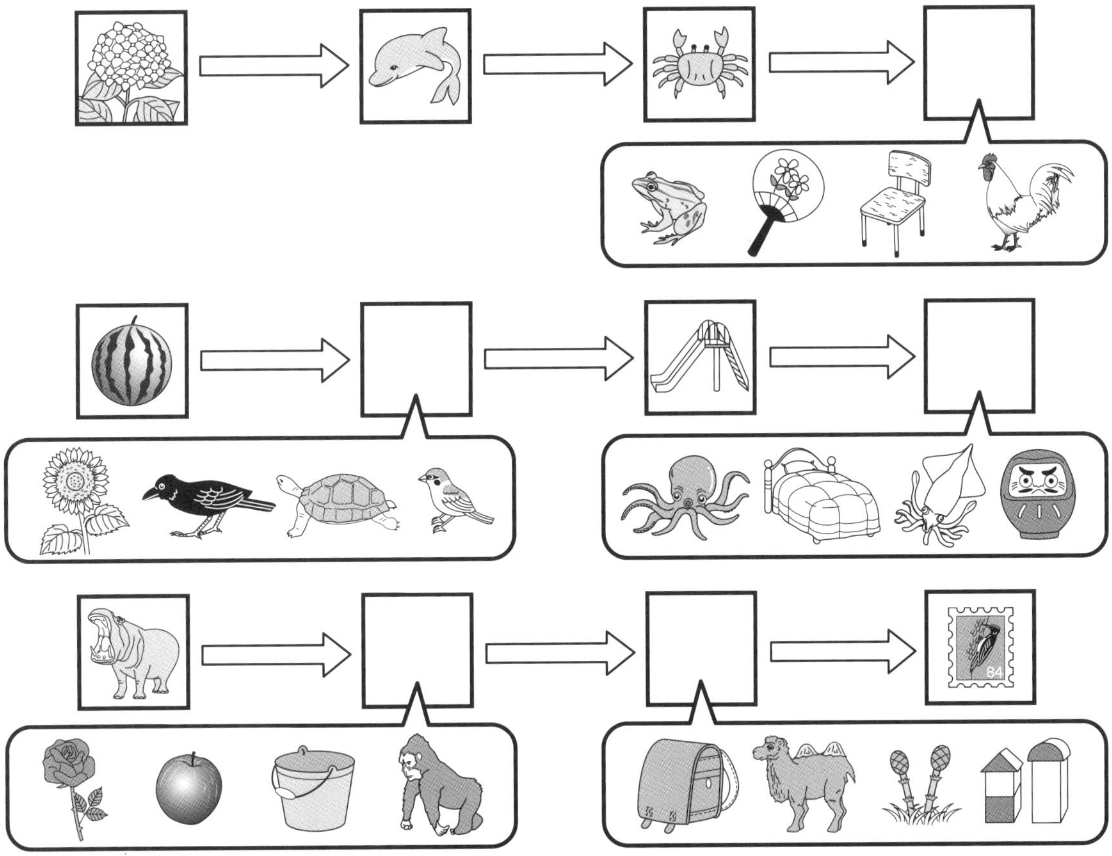

3
|
A

3-B

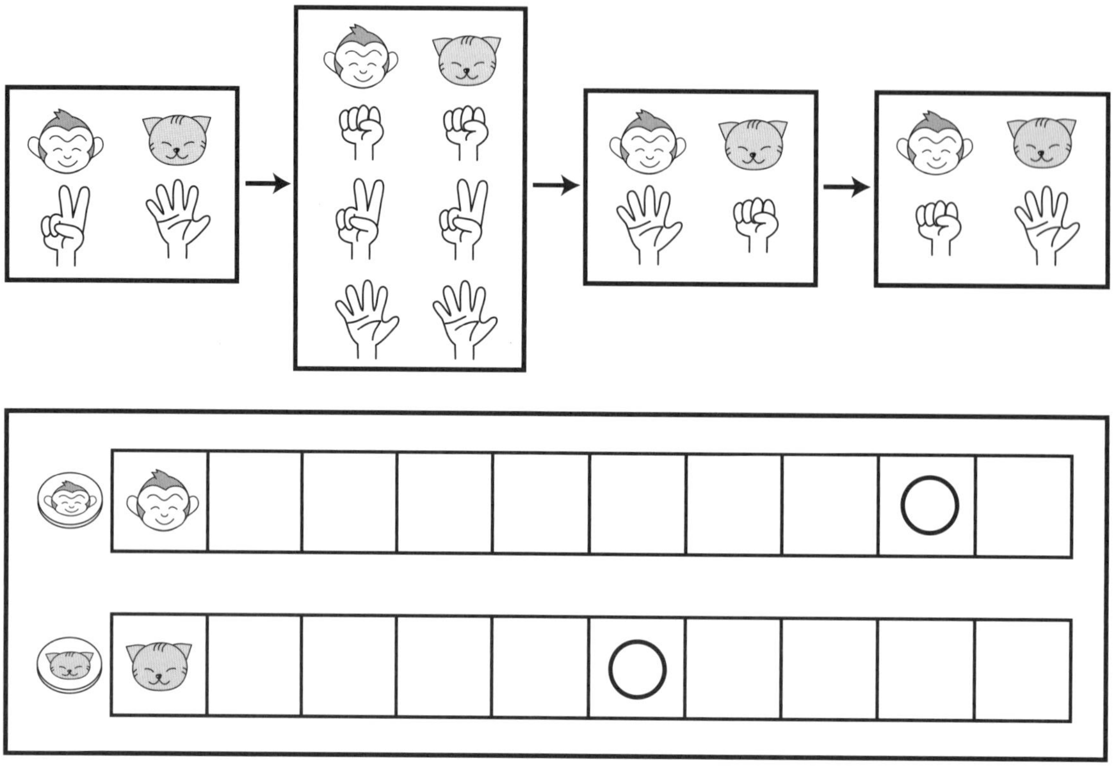

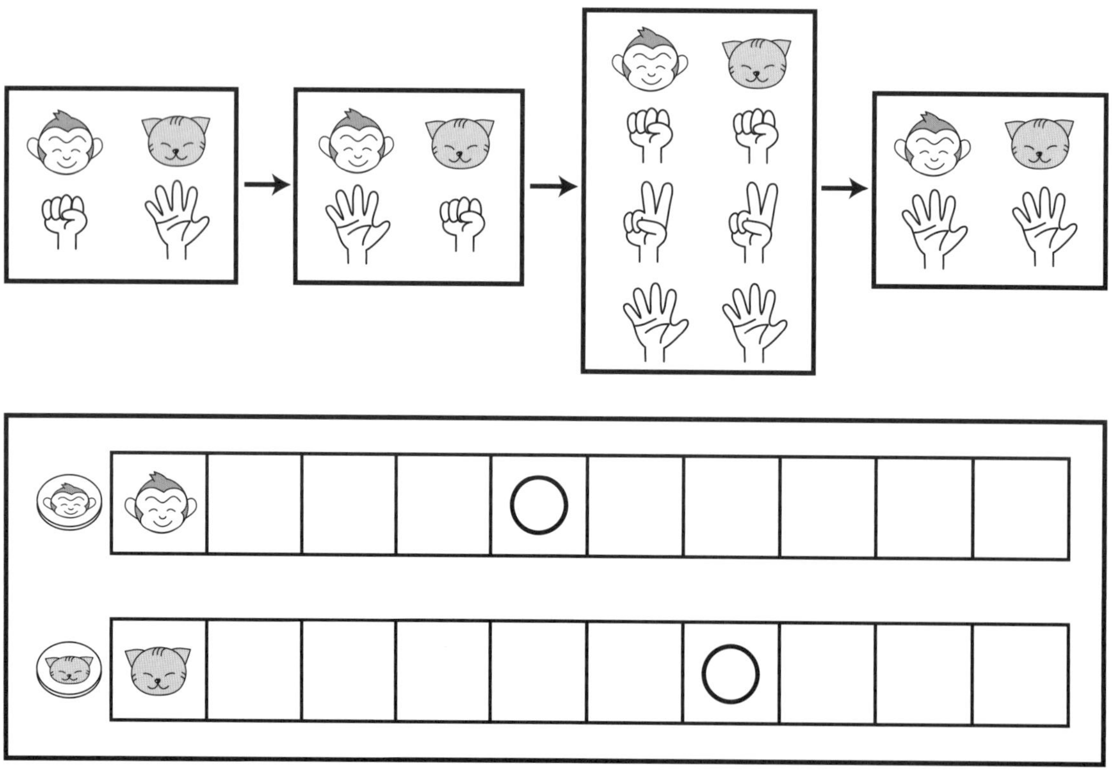

4

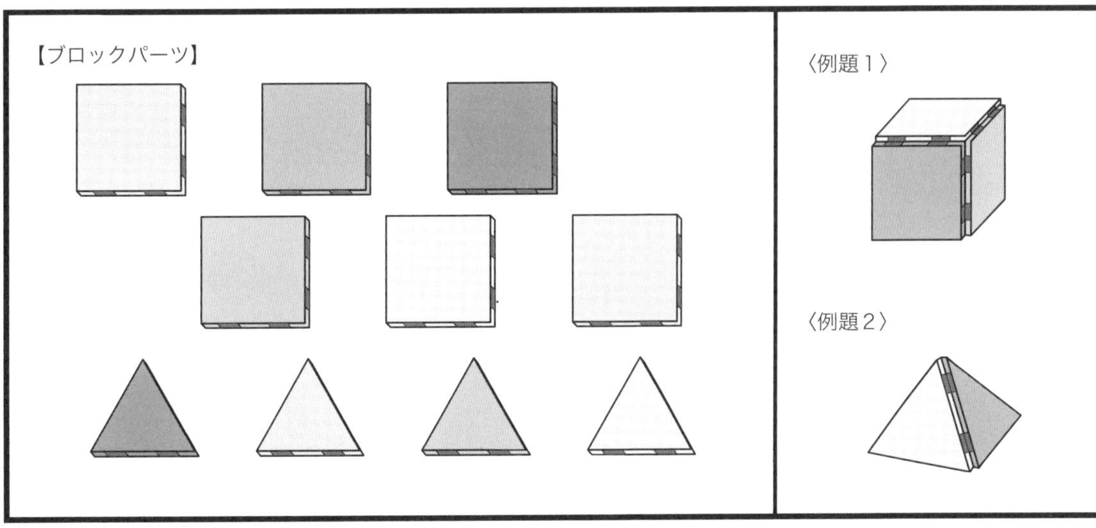

5

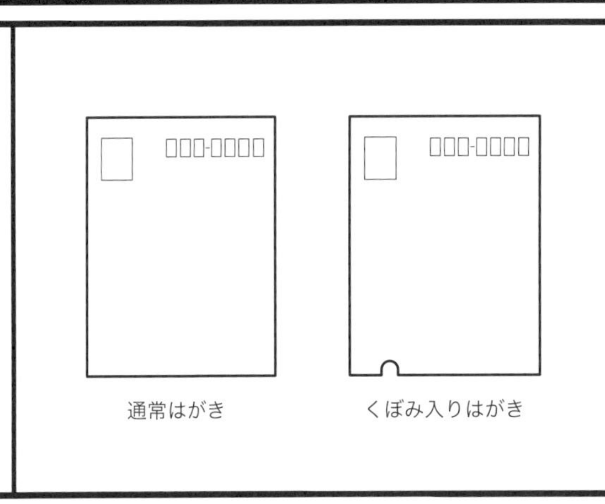

6

【お手本１】

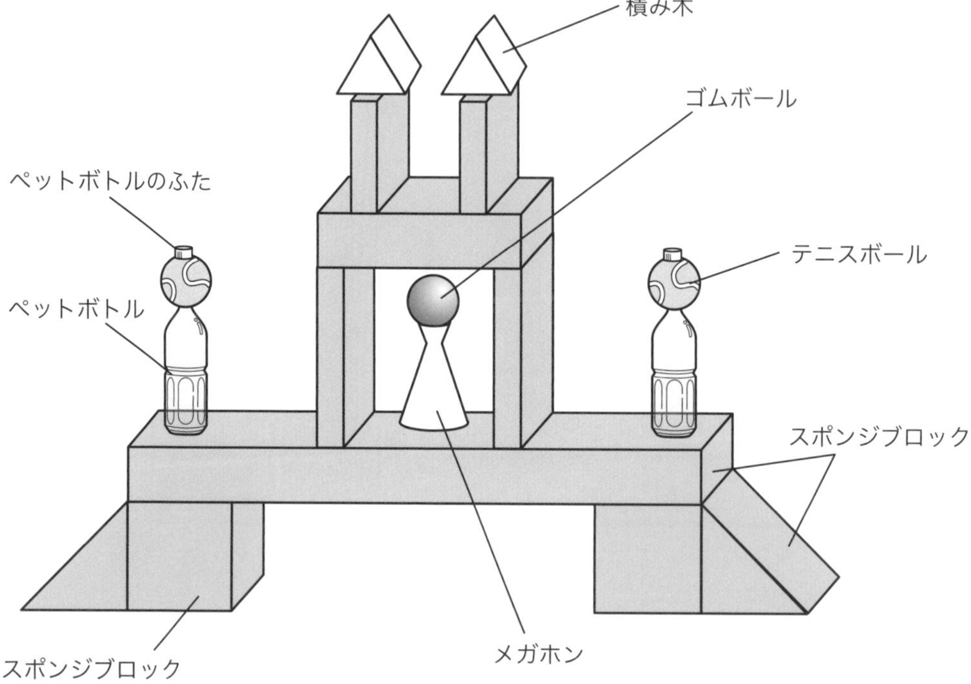
積み木
ゴムボール
ペットボトルのふた
テニスボール
ペットボトル
スポンジブロック
スポンジブロック
メガホン

【お手本２】

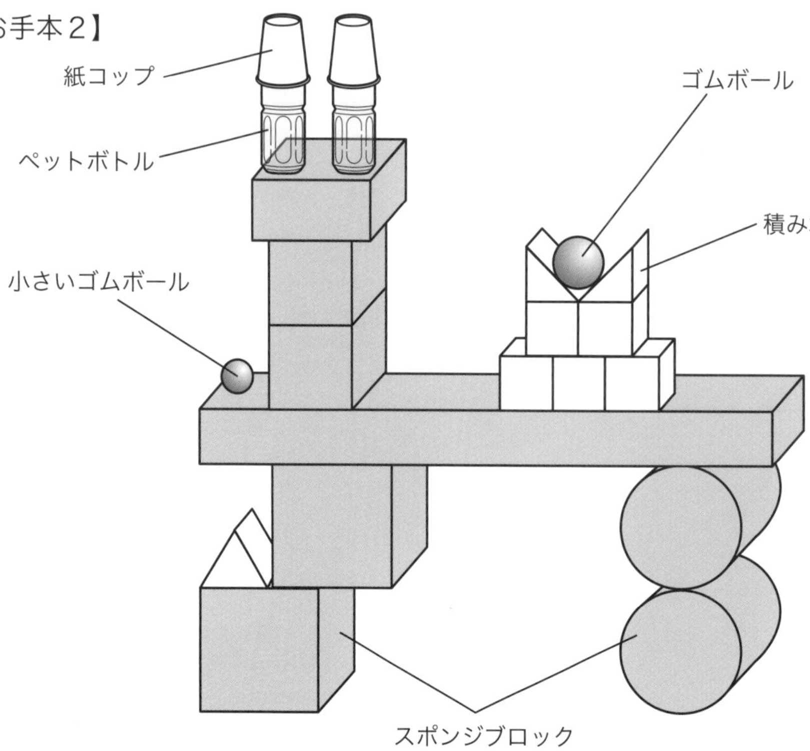
紙コップ
ゴムボール
ペットボトル
積み木
小さいゴムボール
スポンジブロック

section
2022 国立学園小学校入試問題

選抜方法

考査は2日間のうち希望する1日で、10～20人単位でペーパーテスト、個別テスト、集団テスト、運動テストを行う。所要時間は1時間30分～2時間。考査日前の指定日時に親子面接が行われる。所要時間は10～15分。

ペーパーテスト

筆記用具は鉛筆を使用し、訂正方法は // (斜め２本線)。出題方法は口頭。

1 話の記憶・言語

（８枚の絵を順番に見せられ、紙芝居形式でお話を聞く）

「春です。長い冬の間眠っていたハリネズミ君も目を覚ましました。『おはよう。よく眠れたかい？』『おはよう。冬はどうだった？』森の動物たちは、うれしそうにお互いをぎゅっと抱き合いながら春のあいさつをします。ハリネズミ君は、少し離れてその様子を見ていました」

・ハリネズミ君はどうして少し離れて見ているのだと思いますか。手を挙げて後ろの先生にお話ししましょう。

（お話の続きを聞く）

「久しぶりに集まったみんなはいっぱい遊びました。ボール遊びをしたり、影踏みをしたり。でも、楽しくてうっかりハリネズミ君に近づきすぎると……『あいたた。針が刺さった！』『わあ、ごめん！』ハリネズミ君は自分の針が嫌いでした。『もうちょっと、ふわふわだったらいいのにな』。そう言ってうつむくと、クマ君が言いました。『僕も体が大きすぎて嫌だなと思うことがあるよ。走るのも遅いし、すぐおなかがすいちゃうし……。でも大きいからできることもあるんだ』。そう言ってハリネズミ君をひょいと持ち上げると、高い木の枝にそっと乗せました。ハリネズミ君はびっくりしました。『わあ、すごい』。そこから見るといつもの森が、初めて見る森に見えました。『僕の針にもできることがあるのかな……そうだ、この針で編み物をしてみるのはどうだろう』。ハリネズミ君はヒツジさんに毛糸を分けてもらって、さっそくマフラー作りにとりかかりました。嫌いだと思っていた針で何かを作り出すのは、とてもすてきなことでした。そうして葉っぱが赤や黄色に色づくころ、ハリネズミ君は森のみんなにマフラーをプレゼントしました。『わあ、暖かい！』みんなは大喜び。その様子を見たハリネズミ君は、うれしそうに手を振りお家へ帰っていきました。これから冬の間は眠って過ごします。みんなに会うのは次の春なのです」

・ハリネズミ君はどうしてみんなにマフラーをあげたのだと思いますか。手を挙げて後ろの先生にお話ししましょう。

（お話の続きを聞く）
「その夜、クマ君がみんなに言いました。『みんなでハリネズミ君にお礼をしよう！　あのね、これをね……』。そして、寒い冬が過ぎて、また春の足音が聞こえてきました。ハリネズミ君が目を覚ましてドアを開けると、辺り一面に色とりどりのきれいなお花が咲いていました。『おはよう、ハリネズミ君』。森のみんなが笑っています。『ハリネズミ君にもらったマフラーのおかげで、この冬は暖かく過ごせたわ。ありがとう』。『このお花は、僕たちみんなで植えたんだ』。そう言って、みんなはハリネズミ君の針の間に摘んだお花を挿していきました。『ほら、こうすればぎゅっとしても痛くないよ』。『おはよう。今年もよろしくね』」

・森のみんなはどうして笑っているのだと思いますか。手を挙げて後ろの先生にお話ししましょう。

2 言　語

左の絵の名前の中には、何かの生き物が隠れています。その生き物を右から探して、点と点を線で結びましょう。

3 数　量

ウサギの駒とおはじきが用意されていて、それを動かしながら考える。
・ウサギがすごろくをしながら、ブタのお家までお花を届けに行きます。途中で止まったところにいる動物に、お約束通りにお花をもらったりあげたりしながら、サイコロの目の通りに進みます。左上の四角のお約束を見てください。リスに止まったらお花を３つ、キツネに止まったら４つもらえます。オオカミに止まったらお花を２つ、クマに止まったら３つあげなければなりません。ではおはじきをお花だと思って、駒とおはじきを動かしながら考えましょう。最初はサイコロの目の数が４なので、ウサギを４つ進めてください。リスのところに止まりましたね。するとお花を３つもらえるお約束なので、下のマス目におはじきを３つ置きましょう。この続きも、矢印の順番にサイコロの目の数だけ駒を進め、お約束の通り下のマス目のおはじきを増やしたり減らしたりしながらブタのお家まで行きましょう。ブタのお家に着いたとき、ウサギが持っているお花はいくつですか。その数だけ、右上のマス目に○をかきましょう。では、下のすごろくも、今と同じお約束で同じようにやりましょう。

4 数　量

ウサギの駒とおはじきが用意されていて、それを動かしながら考える。

・3と同じお約束です。ウサギはブタにお花を２つ届けることができました。ウサギがサイコロの目の通りに進んでいくと、ブタのお家の手前では点線の丸のうちどれに止まりますか。ウサギが止まる丸をなぞりましょう。また、ウサギが止まった丸には誰がいたでしょう。上の点線の四角の中から選んで○をつけましょう。

5 巧緻性

・ニコニコ顔の点線をなぞりましょう。

個別テスト

6 構　成

パターンブロック(黄色の六角形１個、赤の台形３個、青のひし形４個、緑の三角形７個)、ハチの巣の枠が描かれた台紙が用意されている。

・ハチの巣を作ります。まず、５つの小さい巣の枠にピッタリ合うようにブロックを置きましょう。そのうち４つは、それぞれ１つの色だけを使って作ります。最後の１つは、残りのブロックで作りましょう。

・今度は、大きい巣にピッタリ合うようにブロックを置きましょう。左側に置けたら、今度は右側に違う置き方で作ってください。

観察力・言語

ひっつき虫（植物の種子）と虫眼鏡が用意されている。

・虫眼鏡でひっつき虫を見て気がついたことを、後ろの先生にお話ししましょう。

・なぜ洋服などにくっつくと思いますか。わかったら後ろの先生にお話ししましょう。

集団テスト

7 行動観察

５、６人のグループで行う。お手本の写真(１、２)、積み木、スポンジブロック、木の板、大小のゴムボール、ペットボトルとふた、小さいコーンなどが用意されている。

・用意されているものを使って、お手本の写真と同じものをグループごとに協力して作りましょう。終わったら片づけをしましょう。

運動テスト

平均台・ジャンプ

坂になっている平均台を渡り、跳び箱に上がってマットの上に飛び降りる。

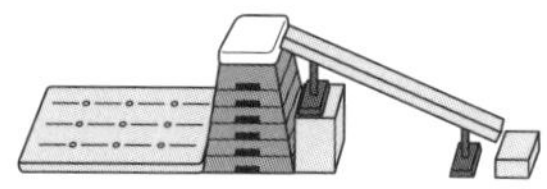

ケンパー

置かれたフープの中を、行きはケンケンケンケン・パーケン・パーケンで進む。帰りは反対にケンパー・ケンパー・ケンケンケンケンで戻る。

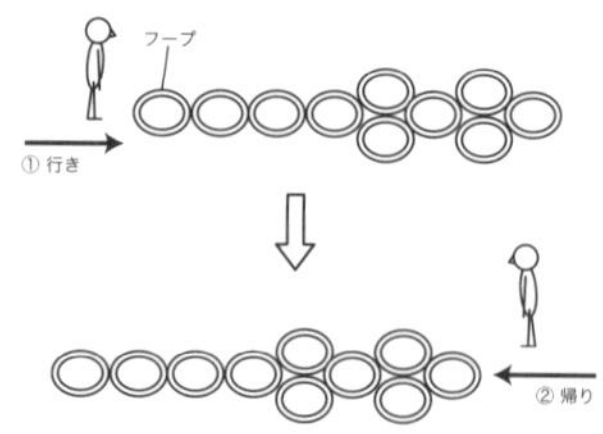

親子面接

オンライン形式で行う。インターネット環境が整わない場合は学校を訪問して行う。

本　人

・お名前と幼稚園（保育園）の名前を教えてください。
・幼稚園（保育園）では何をして遊びますか。
・好きな遊びは何ですか。
・好きな食べ物は何ですか。
・お母さんが作るお料理で好きなものは何ですか。
・お父さんはお料理をしますか。
・小学校に入ったら、どんなことをやってみたいですか。
・小学校ではどんな勉強をしたいですか。
・お手伝いはしていますか。どのようなお手伝いですか。
・お父さん、お母さんにどのようなことでほめられますか。
・お父さん、お母さんが笑顔になるのはどんなときですか。

父　親

・志望理由についてお聞かせください。
・本校のパンフレットを見て、興味を持ったことは何ですか。
・本校のホームページを見て、印象に残っているのはどんなところですか。

・お子さんは一言で言うと、どのようなお子さんですか。
・どのようなときにお子さんをほめますか（しかりますか）。

母　親

・志望理由についてお聞かせください。
・ご家庭の教育方針についてお聞かせください。
・本校のパンフレットを見て、興味を持ったことは何ですか。
・本校のホームページを見て、印象に残っているのはどんなところですか。
・本校に期待することは何ですか。
・お子さんは一言で言うと、どのようなお子さんですか。

1

2

3

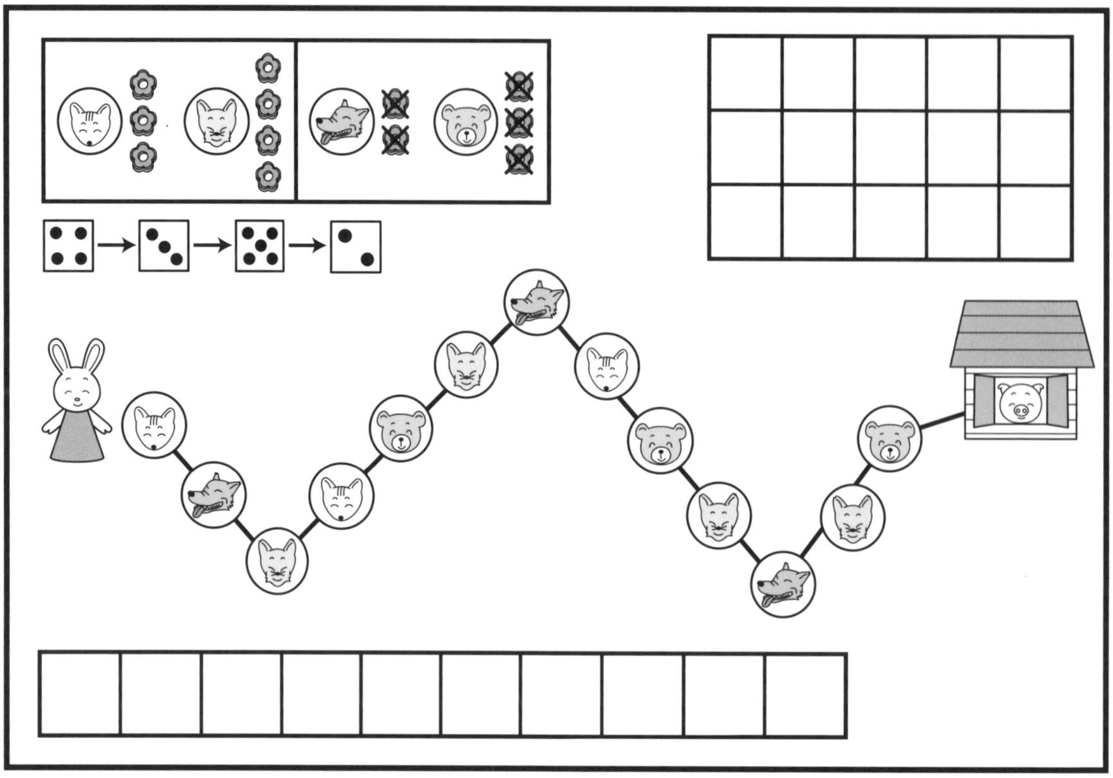

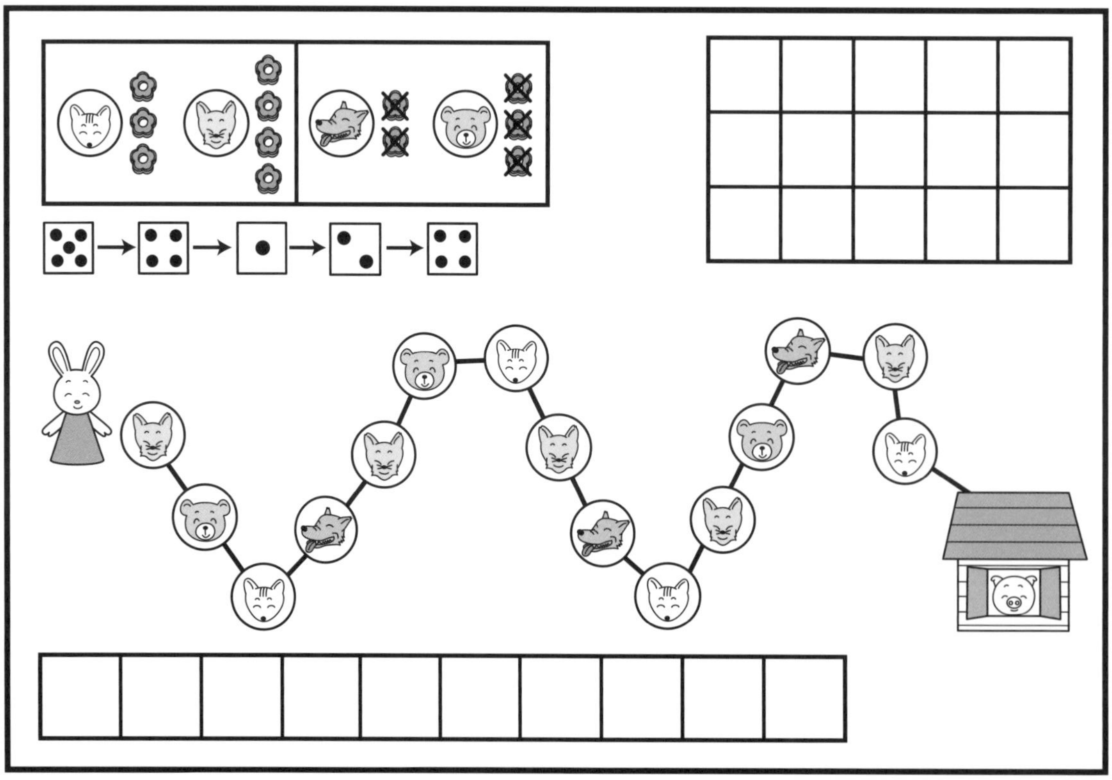

4

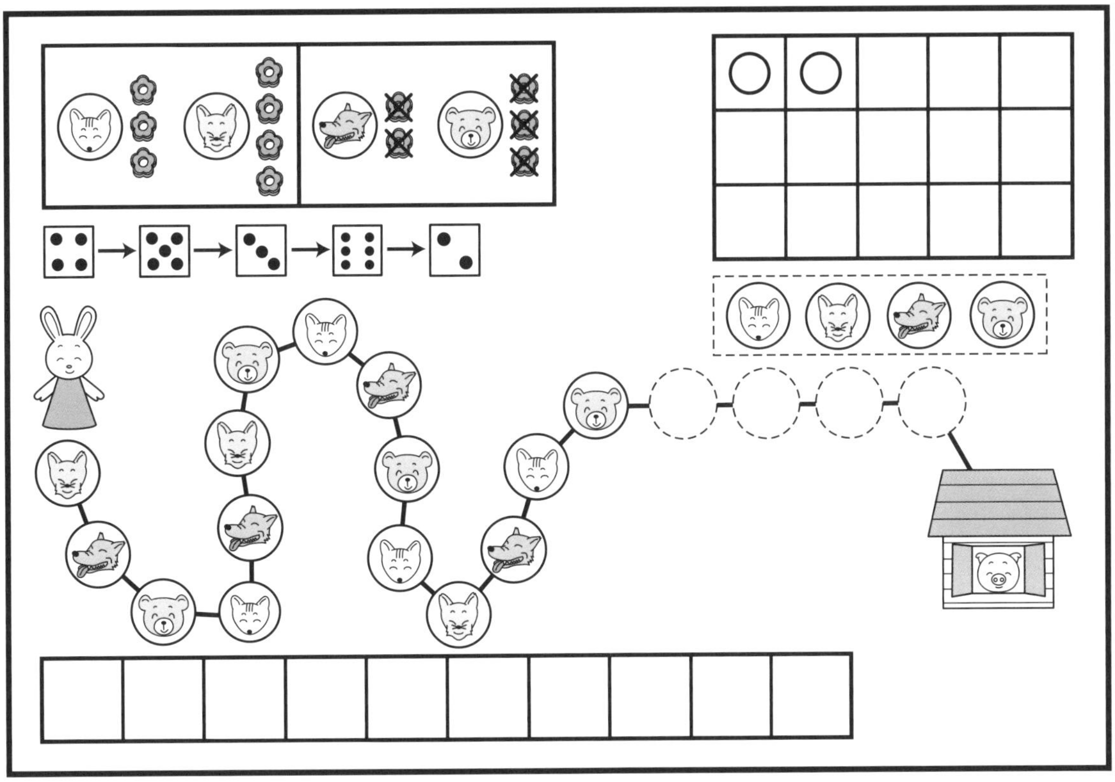

5

6

〈台紙〉

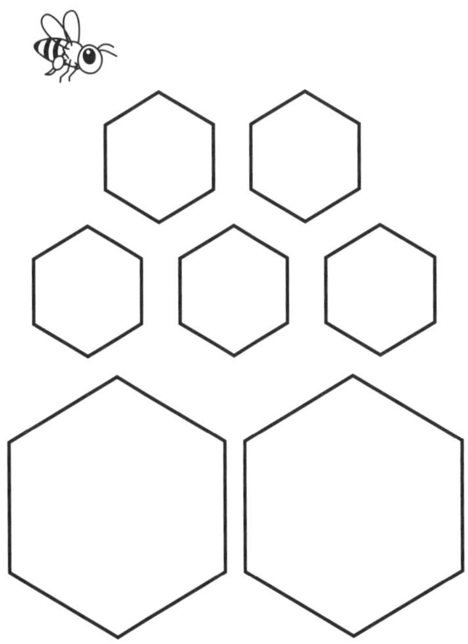

7

【お手本1】

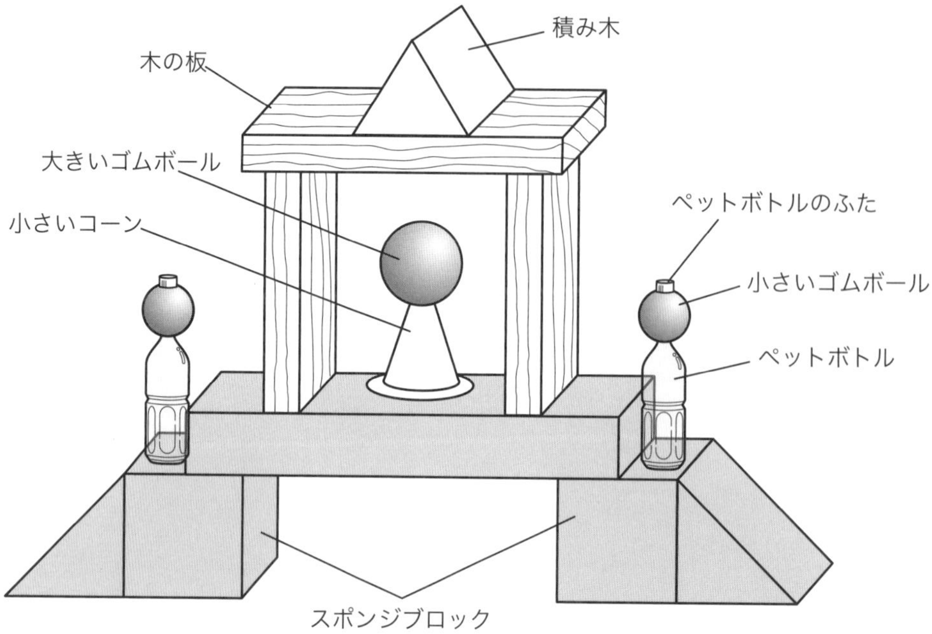
積み木
木の板
大きいゴムボール
小さいコーン
ペットボトルのふた
小さいゴムボール
ペットボトル
スポンジブロック

【お手本2】

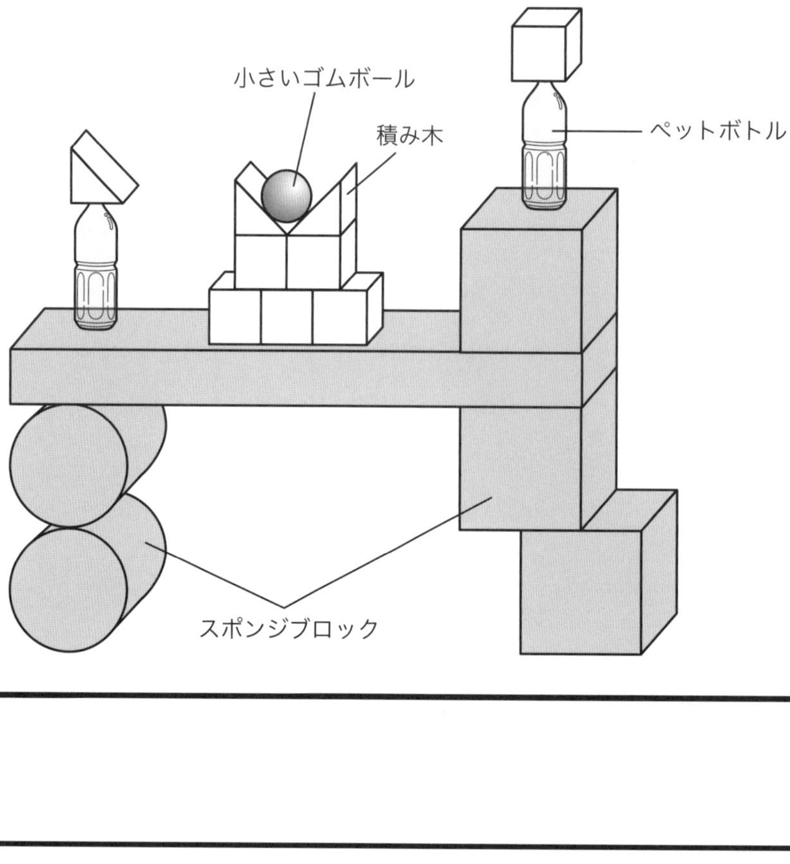
小さいゴムボール
積み木
ペットボトル
スポンジブロック

section
2021　国立学園小学校入試問題

選抜方法

考査は１日で、ペーパーテスト、個別テスト、集団テスト、運動テストを行う。所要時間は約１時間30分。考査日前の指定日時に親子面接が行われる。所要時間は10～15分。

ペーパーテスト

筆記用具は鉛筆を使用し、訂正方法は // (斜め２本線)。出題方法は口頭。

1　話の記憶・言語

（６枚の絵を順番に見せられ、紙芝居形式でお話を聞く）

「雪がたくさん降って、野も山もすっかり真っ白になりました。ウサギさんは食べるものがなくなってしまったため、食べ物を探しに外へ出かけていきました。『おや、こんなところにカブが２つもあった』。ウサギさんは喜んで１つだけ食べて、もう１つは残しました。『雪がこんなに降っていてとても寒い。ロバさんはきっと食べ物がないでしょう。このカブを持っていってあげましょう』」

・ウサギさんがロバさんに会いに行くとき、どんな気持ちだったと思いますか。手を挙げて後ろの先生にお話ししましょう。

（お話の続きを聞く）

「ウサギさんがロバさんのお家に来てみると、ロバさんは留守でした。そこでカブをロバさんのお家にそっと置いてきました。ロバさんはそのとき、食べ物を探しに出かけていました。サツマイモを見つけて元気よくお家に帰り、部屋に入ってみると、カブが置いてあります。ロバさんは不思議そうに言いました。『これはどこから来たのかしら』。ロバさんはサツマイモを食べてから考えました。『雪がこんなに降っていてとても寒い。ヤギさんはきっと食べ物がないでしょう。このカブを持っていってあげましょう』。ロバさんがヤギさんのお家に来てみると、ヤギさんは留守でした。そこでカブをヤギさんのお家にそっと置いてきました。ヤギさんはそのとき、食べ物を探しに出かけていました。ハクサイを見つけて元気よくお家に帰り、部屋に入ってみると、カブが置いてあります。『これはどこから来たのだろう』。ヤギさんはハクサイを食べてから考えました。『雪がこんなに降っていて、とても寒い。シカさんはきっと食べ物がないでしょう。このカブを持っていってあげましょう』。ヤギさんがシカさんのお家に来てみると、シカさんは留守でした。そこでカブをシカさんのお家にそっと置いてきました。シカさんはそのとき、食べ物を探しに出かけていました。青菜を見つけて元気よくお家に帰り、部屋に入ってみると、カブが置いてあります。『これはどこから来たのかしら』。シカさんは青菜を食べてから考えました。『雪がこんなに降ってとても寒い。ウサギさんはきっと食べ物がないでしょう。このカブを持っていってあげましょう』。シカさんがウサギさんのお家に来てみると、ウサギさんはおなかがいっぱいで、ぐっすり眠っていました。シカさんはウサギさんが目を覚まさぬように、そっとカブを置いて帰っていきました。やがてウサギさんは目を覚まし、カブを見てびっくりしました。『あれ、カブが戻ってきた』。ウサギさんはちょっと首をひねって考えましたが、すぐにわかりました」

・最後にウサギさんはカブを見て何がわかったのだと思いますか。手を挙げて後ろの先生にお話ししましょう。
・ロバさんがお家に帰ってきてカブを見たとき、どのような顔だったと思いますか。下から選んで○をつけましょう。

2 巧緻性

・ヒマワリの花びらの点線をなぞりましょう。

3 常識（季節）

・ヒマワリと仲よしの季節の絵に○をつけましょう。
・上と同じ季節で、遊びに行くときに持っていった方がよいものを2つ選んで○をつけましょう。○をつけたら手を挙げて、先生にどうやって使うものかをお話ししましょう。

4 言語（しりとり）

・左上のヒマワリから始めて、なるべく長くしりとりでつながるように線を引いていきましょう。そして、しりとりの最後のものに○をつけましょう。

5 数量（マジックボックス）

最初の四角のお約束を見ましょう。1回たたくと中に入れたものの数が変わる、不思議なポケットがあります。コインを入れてたたいてみると、魚のポケットでは1枚増えます。ウサギのポケットでは2枚増えます。オオカミのポケットでは2枚減ります。
・一番上の段です。左端のマス目の丸の数だけ、魚のポケットにビスケットを入れました。1回たたくと、ビスケットは何枚になりますか。その数だけ、真ん中のマス目に1つずつ○をかきましょう。次に、今かいた数のビスケットを今度はウサギのポケットに入れました。1回たたくと、ビスケットは何枚になりますか。その数だけ、右端のマス目に1つずつ○をかきましょう。
・真ん中の段です。何枚かのビスケットを、矢印の順番で不思議なポケットに入れてそれそれ１回たたくと、右端のマス目の丸の数になりました。左端と真ん中のマス目に、それぞれのポケットに入れたビスケットの数だけ１つずつ○をかきましょう。

・一番下の段です。ビスケットを不思議なポケットに順番に入れてそれぞれ１回たたくと、左、真ん中、右のマス目の丸のように数が変わりました。このように数が変わるには、矢印のところではどのポケットにビスケットを入れるとよいですか。合うものを矢印の下の四角からそれぞれ選んで、○をつけましょう。いくつかのポケットを使ってもよいですよ。

個別テスト

6 構　成

お手本とジョボブロック（真四角１枚、正三角形４枚）が用意されている。

・お手本通りにブロックを組み立てましょう。

集団テスト

7 行動観察

５、６人のグループで行う。お手本の写真（１、２）、スポンジブロック、テニスボール、軟らかいゴムボール、ペットボトル、ラップの芯などが用意されている。

・用意されているものを使って、お手本の写真と同じものをグループごとに協力して作りましょう。終わったら片づけをしましょう。

運動テスト

平均台・ジャンプ

坂になっている平均台を渡り、跳び箱に上がってマットの上に飛び降りる。

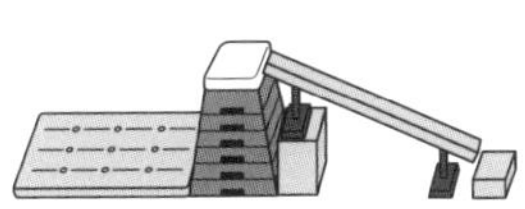

ケンパー

置かれたフープの中を、行きはケンパー・ケンケンケンケン・ケンパーで進む。帰りは反対にパーケン・ケンケンケンケン・パーケンで戻る。

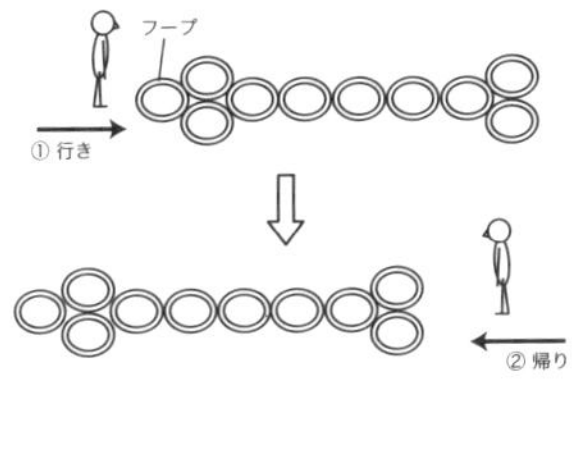

2023
2022
2021
2020
2019
2018
2017
2016
2015
2014

親子面接

オンライン形式で行う。インターネット環境が整わない場合は学校を訪問して行う。

本人

・お名前と幼稚園（保育園）の名前を教えてください。
・幼稚園（保育園）では何をして遊びますか。
・好きな食べ物は何ですか。
・お母さんが作るお料理で好きなものは何ですか。
・好きな遊びは何ですか。
・（コロナウイルス対策で）長いお休みがありましたが、お休みのときは何をしていましたか。
・小学校に入ったら何をしたいですか。
・お手伝いはしていますか。どのようなお手伝いですか。
・お父さん、お母さんにどのようなことでほめられますか。
・お父さん、お母さんが笑顔になるのはどんなときですか。
・将来何になりたいですか。それはどうしてですか。

父親

・志望理由についてお聞かせください。
・本校のパンフレットを見て興味を持ったことは何ですか。
・本校のホームページを見ての感想をお聞かせください。
・お子さんは一言で言うと、どのようなお子さんですか。
・どのようなときにお子さんをしかりますか。
・お子さんに将来、どのようになってほしいですか。

母親

・志望理由についてお聞かせください。
・ご家庭の教育方針についてお聞かせください。
・本校のパンフレットを見て興味を持ったことは何ですか。
・本校のホームページを見ての感想をお聞かせください。
・お子さんは一言で言うと、どのようなお子さんですか。
・小学校の６年間でどのように成長してほしいですか。
・本校に期待することは何ですか。

1

2

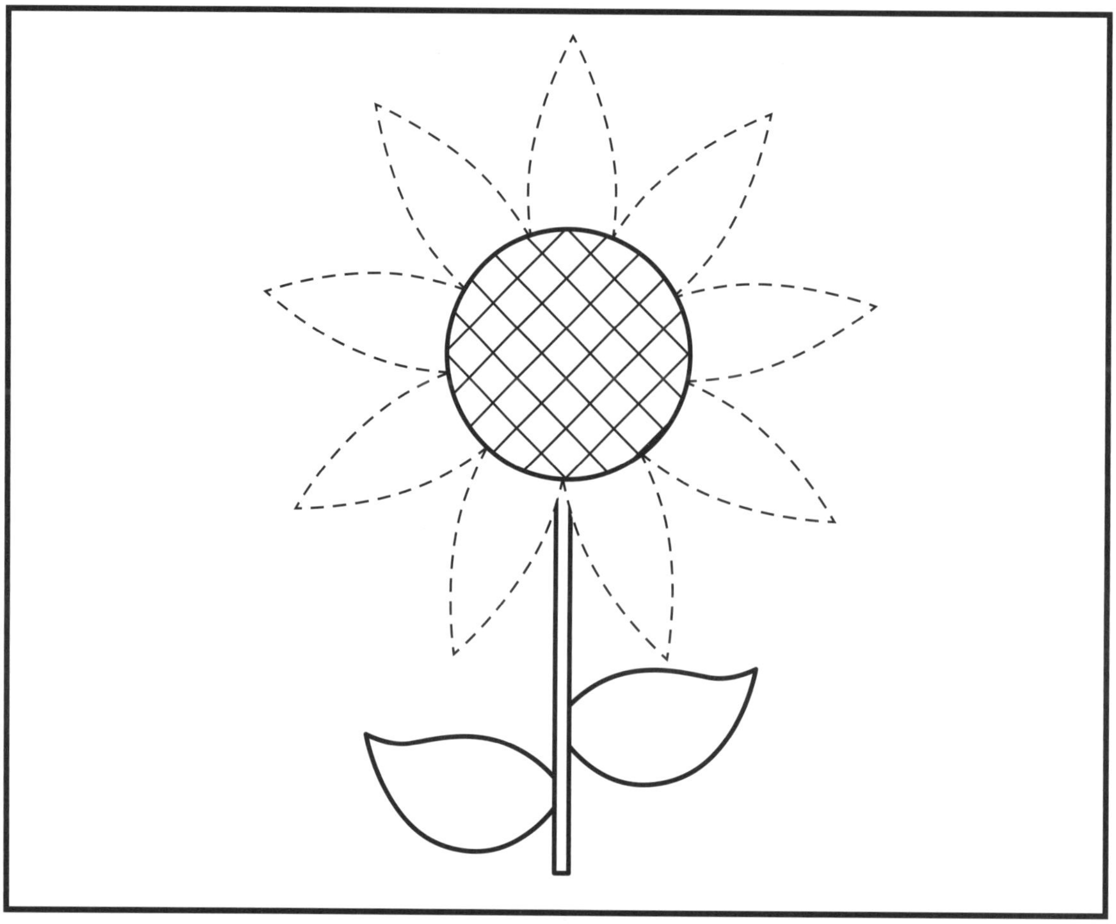

3

4

5

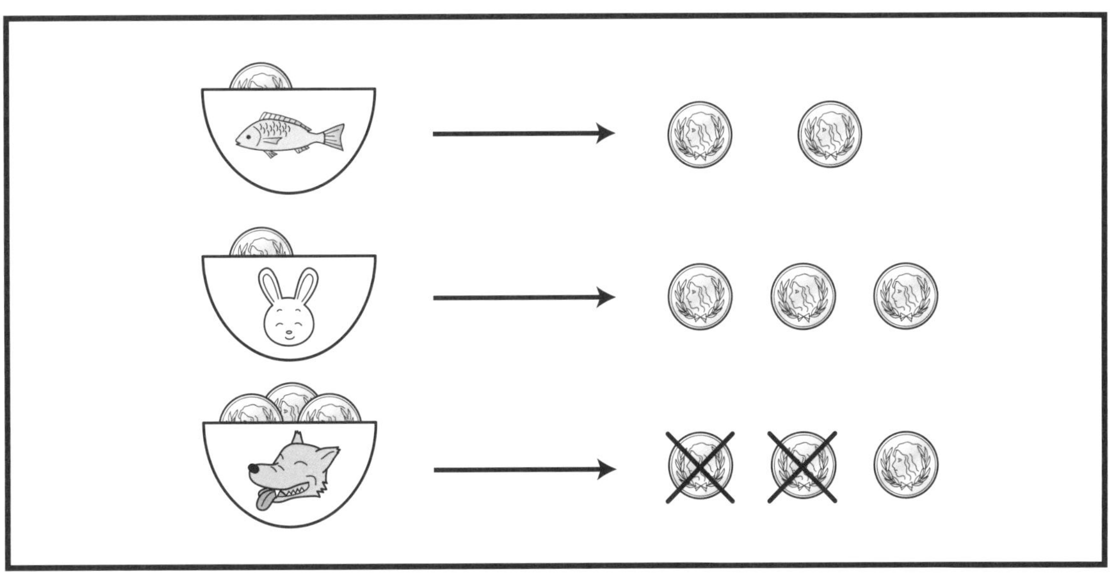

5

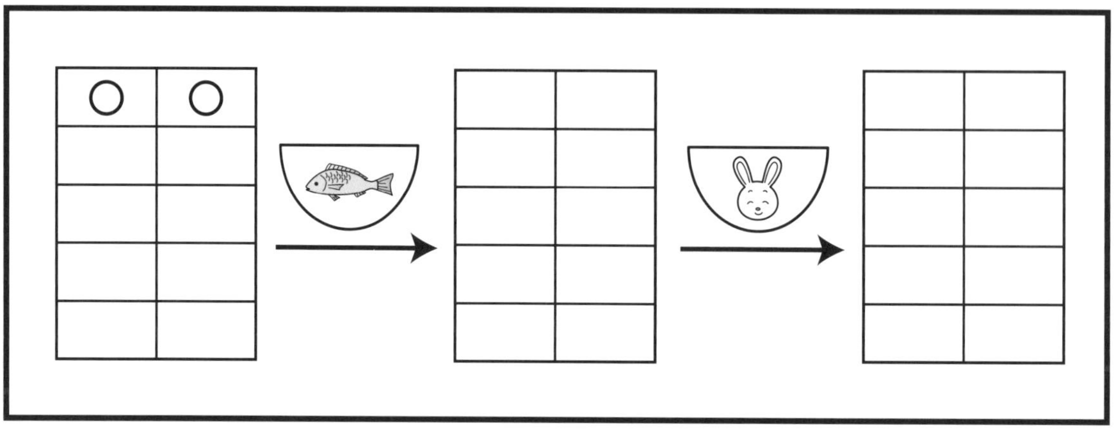

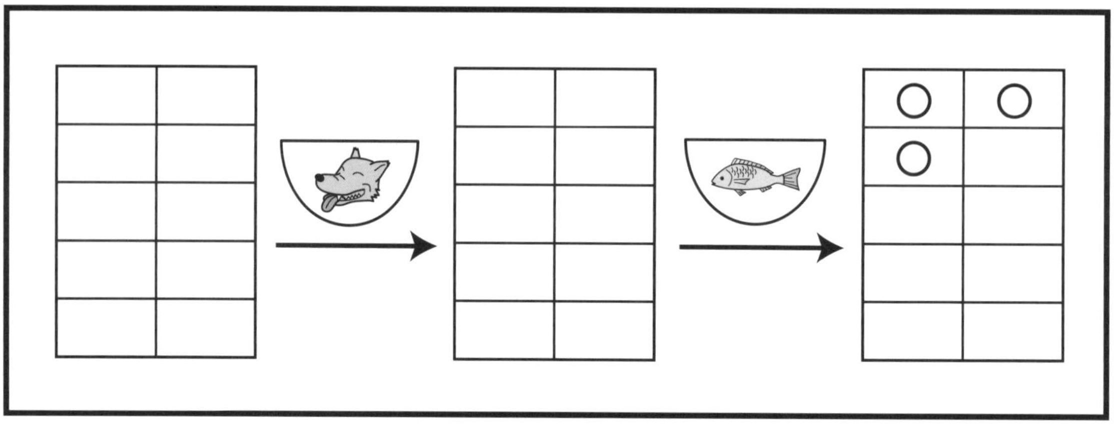

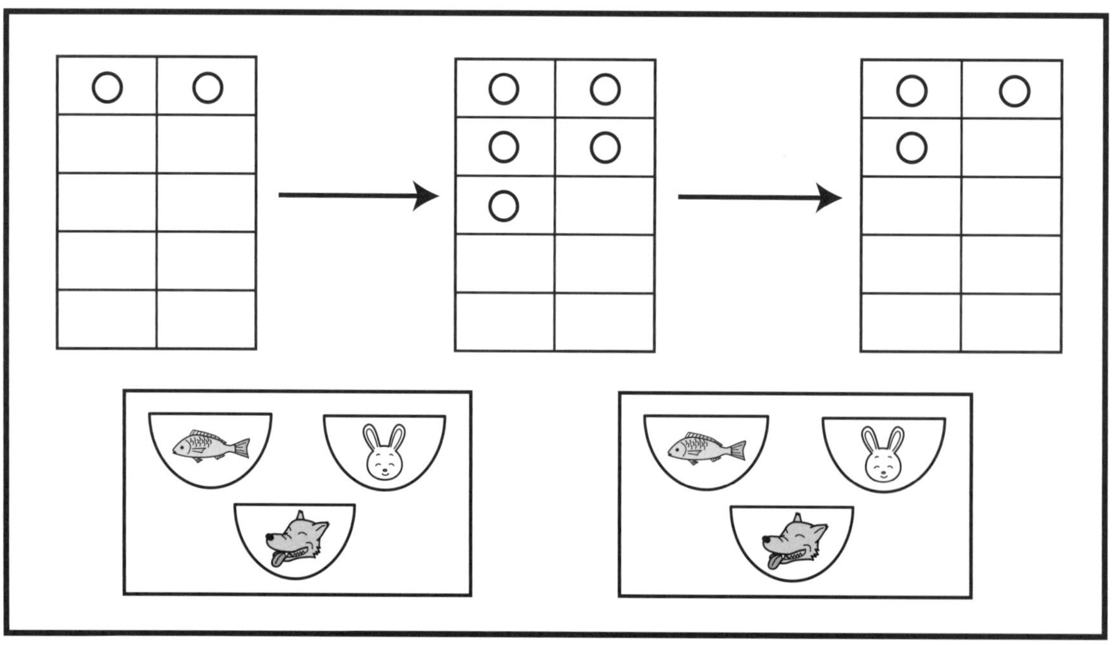

6

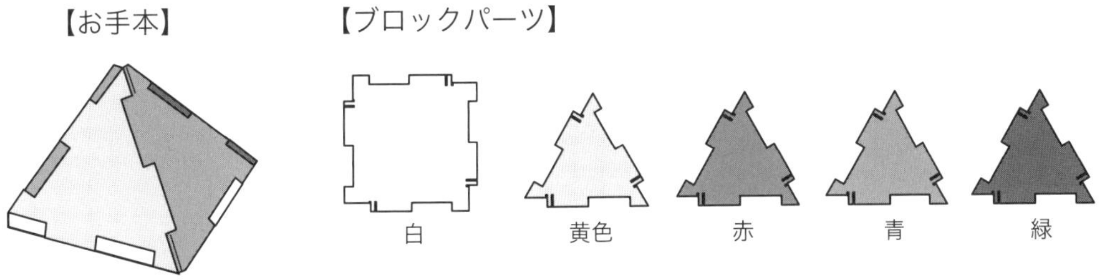
【お手本】
【ブロックパーツ】
白
黄色
赤
青
緑

7

【お手本 1】

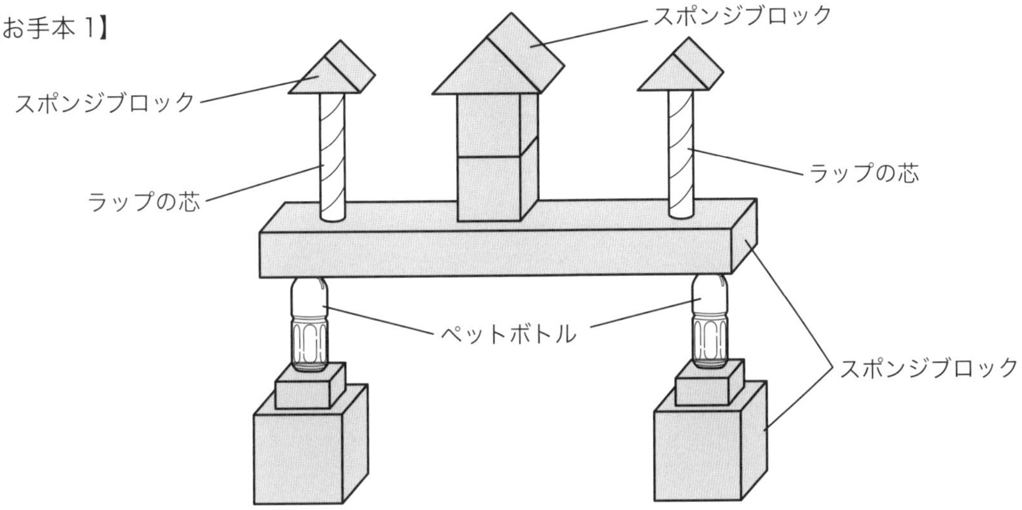
スポンジブロック
スポンジブロック
ラップの芯
ラップの芯
ペットボトル
スポンジブロック

【お手本 2】

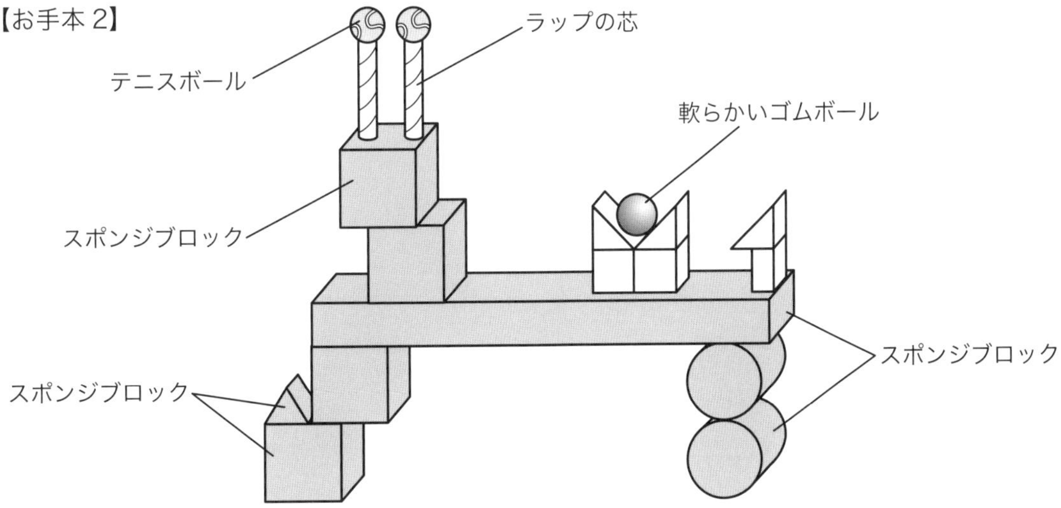
ラップの芯
テニスボール
軟らかいゴムボール
スポンジブロック
スポンジブロック
スポンジブロック

2020 国立学園小学校入試問題

section

選抜方法

考査は２日間のうち希望する１日で、約15人単位でペーパーテスト、個別テスト、集団テスト、運動テストを行う。所要時間は約１時間30分。考査日前の指定日時に親子面接が行われる。所要時間は10〜15分。

ペーパーテスト

筆記用具は鉛筆と３のみ黒のフェルトペンを使用し、訂正方法は//（斜め２本線）。出題方法は口頭。

1 話の記憶・言語

（８枚の絵を順番に見せられ、紙芝居形式でお話を聞く）

「ある日のことでした。子どもたちが、たくさんの風船にお花の種をつけて飛ばしました。『お花をいっぱい咲かせましょう』というお手紙もつけました。みんなで一斉に、『花いっぱいになあれ。わーい』と言って手を離すと、風船はふわふわ飛んで行きました。その風船の１つが、町を飛び越し、村を飛び越し、お山まで飛んで、ふわふわふわふわ揺れながら小さな野原に降りてきました。それは、真っ赤な風船でした。野原では子ギツネのコンがお昼寝をしていました。コンはとってもいい夢を見ていて、どんな夢かは覚えていないけれど、おいしいものを食べたときのようなうれしい気持ちで目を覚ましました。すると、目の前に真っ赤なお花が咲いていたのです。まあるくふくらんで、ふわふわ揺れるお花でした。細い糸のような茎に、紙包みのような根っこがついていました。コンは目をこすって、『はあっ』とため息をつきました。するとお花は、もうそれだけでふわふわ揺れました。『へぇー、びっくりした。僕、こんなお花を生まれて初めて見たよ』。そうですとも、風船のお花ですもの。けれどコンはそんなことは知りません。『きれいなお花の根っこちゃん、ちゃんと土の中に入っておいでよ。そうしないと、枯れちゃうよ』。コンは土を掘ると、紙包みの根っこを埋めました。『そうだ、お水もやらなくちゃ』。コンは、青いじょうろにお水を汲んでチャプチャプと根っこにかけました。お花はまたふわふわ揺れました。『いいなあ。今にもっともっといっぱい咲くよ。僕、きっとこのお花の夢を見ていたんだな』。コンはそう言ってニコニコしました。ところが次の朝にコンが行ってみると、赤いお花は小さくしぼんで、草の上にくたんと倒れていました。コンはわあわあ泣きました。それから雨が毎日毎日降りました。そして不思議なことが起こりました。コンが野原に行ってみると、お花の咲いていた辺りに見たことのない芽がすっくり顔を出していたのです。その芽はグングン伸びてコンを追い越し、倍の倍の倍も高くなりました。そして、太くてしっかりとした茎の上に大きな金色のお花を咲かせました。ヒマワリのお花です。風船についていたのはヒマワリの種だったのですね。コンはしっぽを立てて『ほう！』とさけびました。『すごいや、金色のお花だ。お日様のお花だ。見たこともないくらい大きいな。僕があのとき見た夢は、この金色のお花が咲いた夢だったんだ』。ヒマワリはいくつも咲いて、小さな野原が明るくなりました。そして秋にはびっしり種が実り、地面にこぼれました。おなかがすいたとき、コンはその種を食べました。香ばしくて甘い種でした。『本当に、あのとき見た夢ではこういう味がしたよ』と、コンは言いました。こぼれた種からは、次の年にまた芽が出て、野原中に大きな金色のお花を咲かせました。もしあなたが山に登って一面に咲いたヒマワリのお花畑を見たら、それはコンのヒマワリです。そして、子どもたちが、『花いっぱいになあれ』と言って、風船につけて飛ばしたお花なのですよ」

・あなただったら、お花だと思っていた風船がしぼんでしまって泣いているコンに、どんな声をかけてあげますか。手を挙げて後ろの先生にお話ししましょう。
・ヒマワリのお花が咲いているのを見たコンは、どのような顔になったと思いますか。その顔に○をつけましょう。

2 言　語

・上の絵の名前の中に隠れている生き物やものの名前を下から探して、点と点を線で結びましょう。上も下もやりましょう。

3 推理・思考（ジャンケン迷路）

・左上のパーからスタートして、右下のチョキにゴールします。今いるところの手に、ジャンケンで勝つ手を選んで○をつけながら進みましょう。

個別テスト

4 推理・思考（折り図形）

折り紙が数枚用意されている。
・(テスターが折り紙を三角に２回折る様子を見せる）これを開くとどのような折り線ができますか。一番上の段から選んで○をつけましょう。
・開いたときに、２段目に描いてあるそれぞれのお手本と同じ折り線ができるように、折り紙を折りましょう。
・(テスターが折り紙を一番下の段の絵のように三角に２回折って開き、折り線で分けられた同じ大きさの三角が４つできる様子を見せる）このように、折り紙を２回折って開いたときに同じ大きさの同じ形が４つできるように折りましょう。形はどのような形でもよいですが、今見たものとは違う折り方をしてください。１つできたら隣の机に置いて、もう１つ違う折り方で折りましょう。

集団テスト

5 行動観察

5、6人のグループで行う。お手本の写真（1、2）、さまざまな形の積み木、スポンジブロック、テニスボール、大小のゴムボール、ペットボトルとふた、メガホン、紙コップなどが用意されている。

・用意されているものを使って、お手本の写真と同じものをグループごとに協力して作りましょう。終わったら片づけをしましょう。

運動テスト

平均台・ジャンプ

坂になっている平均台を渡り、跳び箱に上がってマットの上に飛び降りる。

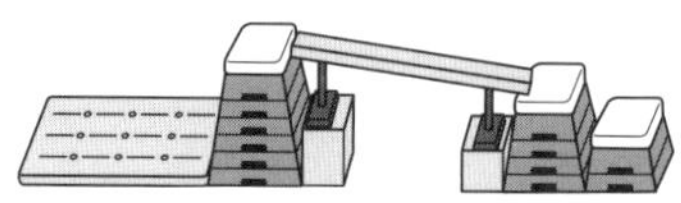

ケンパー

置かれたフープの中を、行きはケンパー・ケンパー・ケンケンパーで進む。帰りはテスターが初めのフープを1つ動かして、ケンパー・ケンケンパー・ケンパーで戻る。

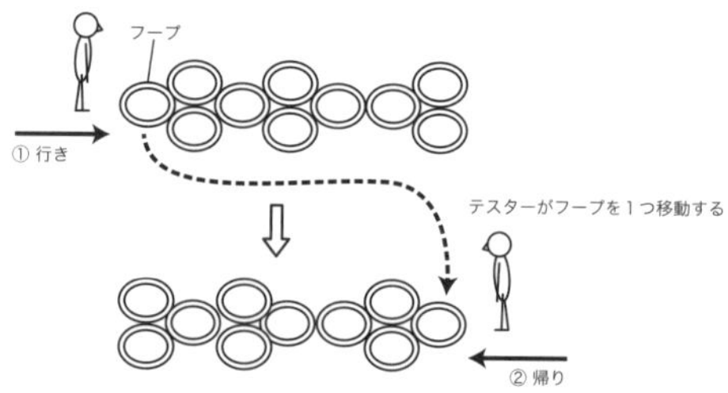

親子面接

答えに対して面接官からコメントが入り、それを通してのやりとりがある。

本人

・お名前と幼稚園（保育園）の名前を教えてください。
・好きな食べ物は何ですか。
・好きな遊びは何ですか。
・好きな運動は何ですか。
・この学校に来たことはありますか。
・今日、この学校に来てみてどう思いましたか。

・この学校には木がたくさんあります。木登りをしたことがありますか。
・お手伝いをしていますか。どのようなお手伝いですか。
・どのようなときにほめられますか。
・どのようなときにしかられますか。
・将来何になりたいですか。それはどうしてですか。

父親

・志望理由をお聞かせください。
・お仕事についてお話しください。
・どのようなときにお子さんをしかりますか。
・ご家庭で大切にしていることは何ですか。
・子育てで大切にしていることは何ですか。
・お子さんは一言で言うと、どのようなお子さんですか。

母親

・志望理由をお聞かせください。
・お仕事についてお話しください。
・本校を知ったきっかけは何ですか。
・本校の印象はいかがですか。
・子育てで大切にしていることは何ですか。
・お子さんの性格を一言で言うと、どのようなお子さんですか。
・いずれお仕事に復帰したいとお考えですか。
・本校に期待することは何ですか。

1

1

2

3

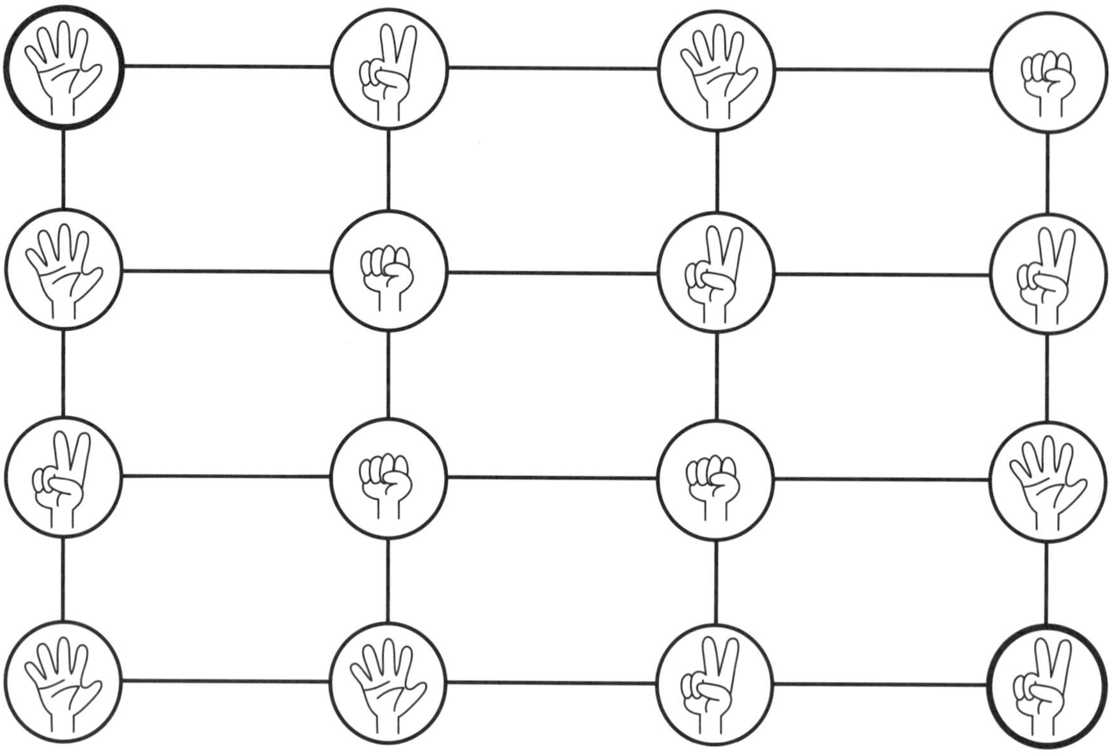

4

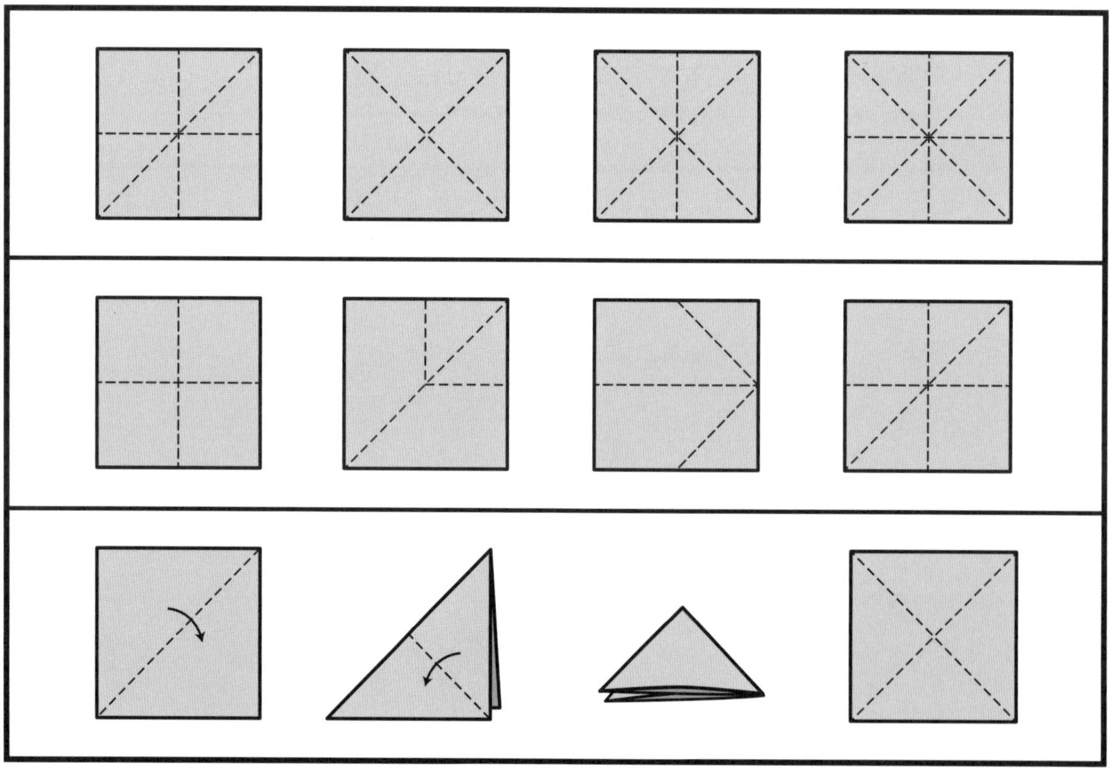

5

【お手本１】

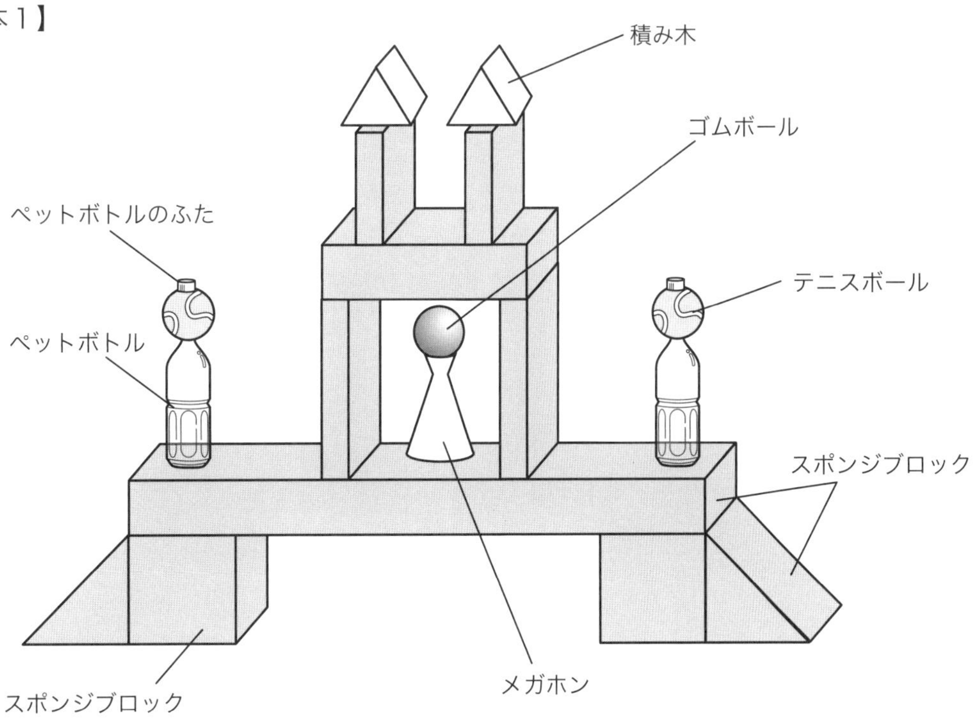
積み木
ゴムボール
ペットボトルのふた
テニスボール
ペットボトル
スポンジブロック
スポンジブロック
メガホン

【お手本２】

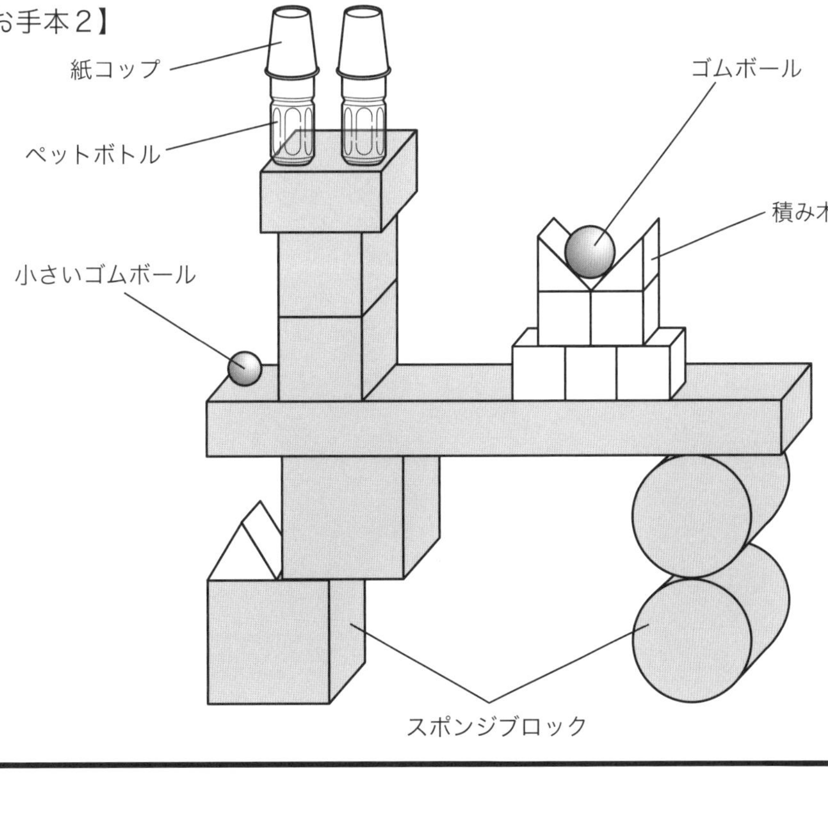
紙コップ
ゴムボール
ペットボトル
積み木
小さいゴムボール
スポンジブロック

section
2019 国立学園小学校入試問題

選抜方法

考査は２日間のうち希望する１日で、ペーパーテスト、個別テスト、集団テスト、運動テストを行う。所要時間は約１時間30分。考査日前の指定日時に親子面接が行われる。所要時間は10〜15分。

ペーパーテスト

筆記用具は鉛筆を使用し、訂正方法は // （斜め２本線）。出題方法は口頭。

1 話の記憶・言語

（６枚の絵を順番に見せられ、紙芝居形式でお話を聞く）

「僕、子グマのトト。森の中の秘密の場所に、花畑を作ったんだよ。種をまいて、毎日毎日水をやって、そしたらね、かわいい芽が出て、葉が出て、ぐんぐん伸びて、とうとうつぼみがついたんだ。全部咲いたら、大きな花束にしてお母さんにあげるんだ。だって、今度の日曜日はお母さんのお誕生日なんだもん。次の日は森の花畑に行って、咲いている花を数えてみたんだ。１つ、２つ、３つ……。あれ、変だな。花が足りないみたい。おかしいなあ。その次の日は朝早く、急いで森へ行ってみた。そしたら、また花が減っているんだ。誰かがとっていくのかな。また次の日も、僕は花畑に行ってみた。やっぱり変だな。また花が減っている。僕の花をとっていくのは、誰だろう。ようし、誰がとるのか隠れて見ていよう。そうしたら、誰かが僕の花畑にやって来たんだ。そして、僕の大事な花を……。『僕の花だぞ。とるなったら！』と、僕は大声でさけびながら飛び出していったんだ。そうしたら、『えっ』と言ってふり返ったのは、モグちゃんというモグラの女の子だった。『ごめんなさい。お母さんが病気で寝ているから、喜ばせてあげようと思って。でも、わたしの家は土の中だから、すぐに枯れちゃうの』。『そうか、だから何度もとっていったんだね。僕、この花、お母さんのお誕生日にあげようと思っていたのに……』。『ごめんなさい、ごめんなさい』」

・あなたがトトだったら、モグちゃんにどうしてあげますか。手を挙げて後ろの先生にお話ししましょう。

（お話の続きを聞く）

「僕、モグちゃんがかわいそうになって思わず言っちゃったんだ。『それは君にあげるよ』って。モグちゃんは喜んで帰っていったけど、僕の花、とうとう２つになっちゃった。今日は日曜日、お母さんの誕生日。花畑に行ったら２つの花がとてもきれいに咲いていた。

それを見ていたら、モグちゃんの顔が浮かんできて、『この花、１つ残しておくからね』と僕は大きな声で言ったんだ。花を１つだけ持って急いで帰ると、もうみんな集まっていて、みんなでお母さんにプレゼントをあげたよ。お父さんはすてきな帽子、おじいちゃんは木のいす、おばあちゃんはキイチゴのジャム、お姉ちゃんは木の実の首飾り。でも、僕は……。本当は大きな花束をあげるはずだったのに。僕は急に悲しくなって泣いちゃった。『どうしたの？　トト、どうして泣くの』。『あのね、あのね……』。僕が理由を話したら、お母さんが言ったよ。『とってもうれしいわ。あなたのお花で２人のお母さんが喜んだんですもの。トト、すてきなお花をありがとう』」

・トトはどうして悲しくなったと思いますか。手を挙げて後ろの先生にお話ししましょう。
・下の四角を見ましょう。トトがお母さんにあげたかったものは何ですか。上の中から選んで○をつけましょう。
・トトのおじいちゃん、おばあちゃん、お姉さん、お父さんは、お母さんに何をあげましたか。合うものを上と下からそれぞれ選んで、点と点を線で結びましょう。

2 言語

・名前の初めの音をつなげて「イチゴ」、「ニワトリ」を作ります。使うものをそれぞれの四角の中から選んで○をつけましょう。

3 数量

・隣り同士の四角に入っている丸の数を合わせると、すぐ上にある四角に入った丸の数になるお約束です。では、空いている四角にはいくつ丸が入るとよいですか。その数だけ○をかきましょう。

個別テスト

4 構成

台紙、トレーに入った５枚の赤いカード（正方形×１、小三角形×２、大三角形×１、平行四辺形×１）が用意されている。
・枠の中にピッタリ入るように、カードを置きましょう。

集団テスト

5 行動観察

5、6人のグループで行う。お手本の写真（1、2）、さまざまな形の積み木、スポンジブロック、テニスボール、キャンディーボール、ペットボトル、木の板、メガホン、紙コップなどが用意されている。

・用意されているものを使って、お手本の写真と同じものをグループごとに協力して作りましょう。終わったら片づけをしましょう。

運動テスト

平均台・ジャンプ

坂になっている平均台を渡り、跳び箱に上がってマットの上に飛び降りる。

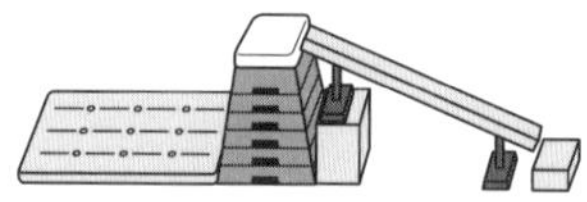

ケンパー

置かれたフープの中を、行きはケンパー・ケンパー・ケンケンパーで進む。帰りは一番端のフープ１つが反対側の端に移動されて、ケンパー・ケンケンパー・ケンパーで戻る。

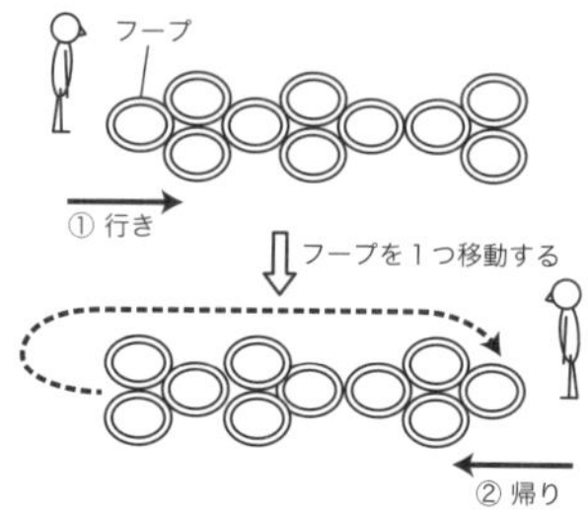

親子面接

答えに対して面接官からコメントが入り、それを通してのやりとりがある。

本人

・お名前を教えてください。
・好きな食べ物は何ですか。
・好きな遊びは何ですか。
・好きな運動は何ですか。
・この学校に来たことはありますか。
・今日、この学校に来てみてどう思いましたか。
・この学校には木がたくさんあります。木登りをしたことがありますか。
・カブトムシやクワガタムシを捕ったことがありますか。
・ダンゴムシに触れますか。
・お手伝いをしていますか。どんなお手伝いですか。
・どんなときにほめられますか。
・将来何になりたいですか。それはどうしてですか。

父 親

・志望理由についてお聞かせください。
・どのようなときにお子さんをしかりますか。
・ご家庭で大切にされていることは何ですか。
・ご家庭の教育方針についてお聞かせください。
・子育てで大切にしていることは何ですか。
・お子さんは一言で言うと、どのようなお子さんですか。

母 親

・本校の印象を教えてください。
・本校のどのようなところがよいと思われましたか。
・本校を知ったきっかけを教えてください。
・どのようなときにお子さんをしかりますか。
・お子さんは一言で言うと、どのようなお子さんですか。
・いずれお仕事に復帰されたいとお考えですか。
・本校に期待することは何ですか。

1

2

3

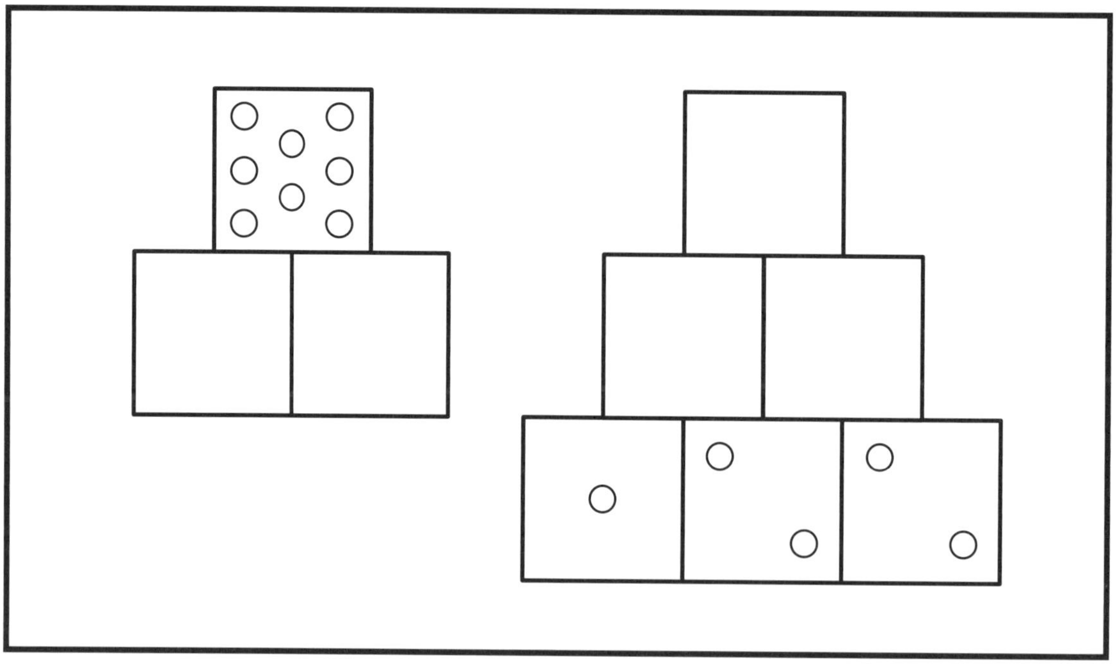

4

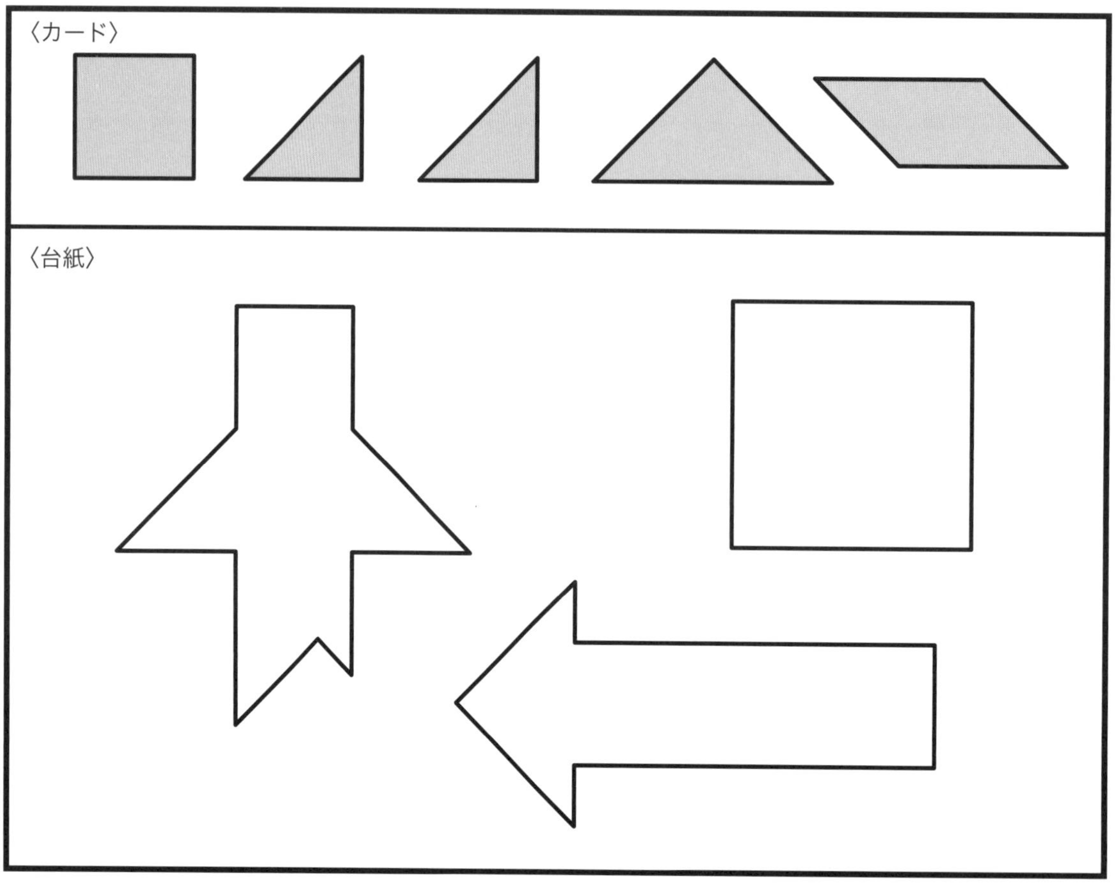

5

【お手本1】

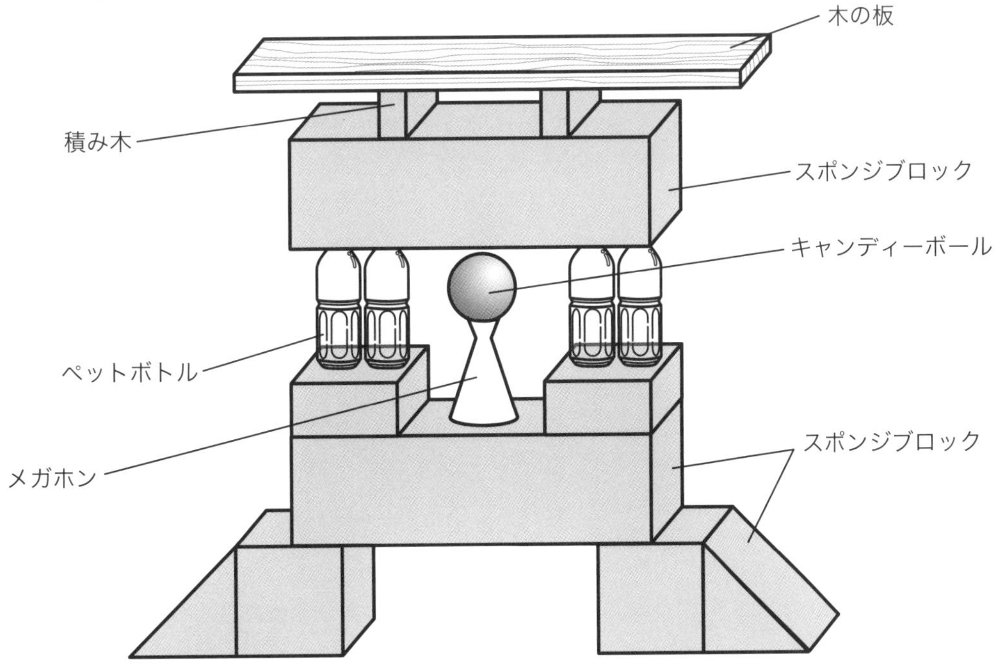
木の板
積み木
スポンジブロック
キャンディーボール
ペットボトル
メガホン
スポンジブロック

【お手本2】

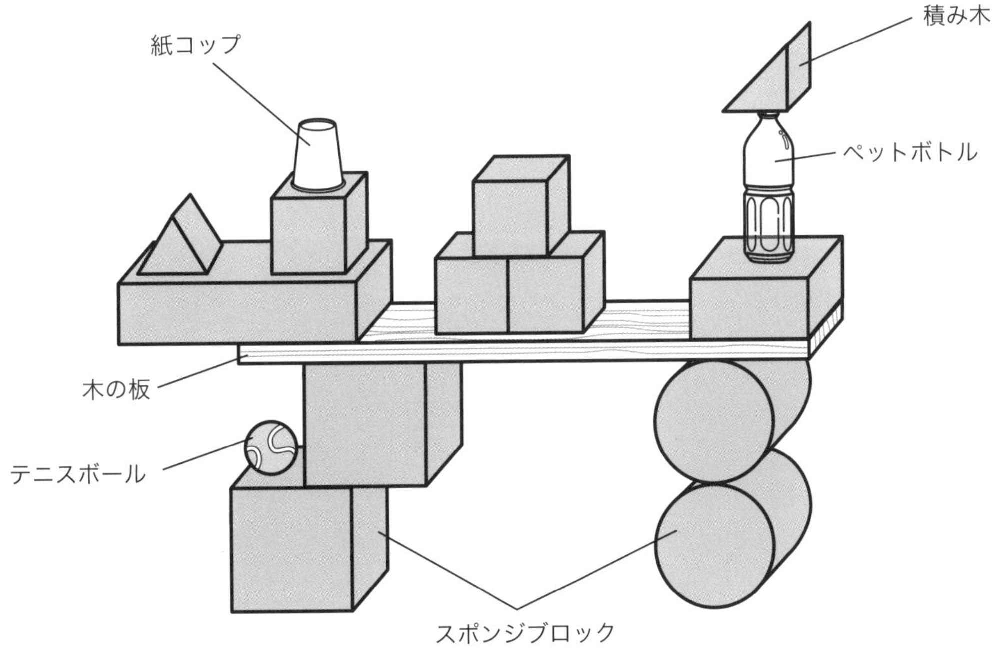
紙コップ
積み木
ペットボトル
木の板
テニスボール
スポンジブロック

section
2018 国立学園小学校入試問題

選抜方法

考査は２日間のうち希望する１日で、ペーパーテスト、個別テスト、集団テスト、運動テストを行う。所要時間は約１時間。考査日前の指定日時に親子面接が行われる。所要時間は10～15分。

ペーパーテスト

筆記用具は鉛筆と黒のフェルトペンを使用し、訂正方法は //（斜め２本線）。

1 話の記憶・言語

（６枚の絵を順番に見せられ、紙芝居形式でお話を聞く）

「ここは、寒い冬の森です。雪の降るある日、３匹のネズミのきょうだいがすむお家にウサギの郵便屋さんが手紙を届けにやって来ました。ネズミ君が玄関のドアを開けると、手紙を持ったウサギさんが立っていました。ネズミのきょうだいが『ウサギさん、お手紙ありがとう』と言って手紙を受け取ると、『どういたしまして……ハ、ハクション！』とウサギさんは大きなくしゃみをしました。『ウサギさん、もしかして風邪を引いたのかな？外は雪が降っていて寒いし、僕たちのお部屋でちょっと休んでいくといいよ』と、ネズミのきょうだいはウサギさんを部屋に入れました。部屋に入ってからも、ウサギさんのくしゃみは止まりません。ネズミ君たちは心配になりました。ほかの動物たちに届ける荷物がまだあったからです。そこで３匹のネズミ君は相談しました。『僕たちが、ウサギさんの代わりに荷物を届けてあげようよ。その間、ウサギさんにはここで休んでいてもらおう』。『うん、いい考えだね。そうしよう！』『僕たち３匹で力を合わせれば、きっと届けられるよ！』ネズミのきょうだいはそう決めると、ウサギさんに言いました。『ウサギさん、荷物は僕たちが代わりに届けてあげるから、君はここで休んでいて！　だいじょうぶ、ちゃんと届けるからね』と、ネズミ君たちがウサギさんを暖炉の前のいすに座らせると、ウサギさんはホッとした顔になってお礼を言いました。『ネズミ君たち、ありがとう。じゃあ、お言葉に甘えてここで休んでいるよ。よろしくお願いします』。ネズミのきょうだいは、さっそく出かけました。最初はリスさんのお家にパンを届けに行きました。向かっている途中でちょうどリスさんに会ったので、パンを渡すことができました。次にタヌキさんのお家に行き、手紙を届けました。『タヌキさん、お届けものです！』と、いつもウサギさんが言うようにお兄さんネズミが言いました。ドアを開けたタヌキさんは、ウサギの郵便屋さんではないので不思議そうに聞きました。『あら、今日はネズミ君なのね？』『そうなんだ。ウサギさんは風邪を引いてしまったから、休んでいるよ。僕たちが代わりに届けているんだ』。『まぁ、それはご苦労さま。お手紙ありがとう』。次はキツネさんのお家にリンゴを届けます。『6つもあるのか。僕たちにとっては重いな。よし、僕は一番上のお兄ちゃんだから3つ持とう。あとの3つはお前たちで持っておくれ』。ネズミのきょうだいは手分けをしてリンゴを持ち、雪の積もった道を歩き始めました。しばらく歩いていると突然強い風が吹いて、リンゴを3つ持っていたお兄さんは思わずよろめきました。すると、手に持っていたリンゴが落ちて、ゴロゴロと道を転がっていってしまいました。『わー！大変だー！』ネズミ君たちは、慌ててリンゴが転がっていった方へ走っていきました。でも、一面に積もった雪に埋もれてしまったのか、リンゴはどこにも見当たりません。ネズミのきょうだいは、小さい体で雪に潜ってリンゴを探しました。なかなか見つかりませんでしたが、そのうちにやっとリンゴを探し出すことができました。『もう夕方だ！　ずいぶん時間がかかってしまった。きっとキツネさんは待ちくたびれているぞ。急ごう！』こうしてやっとキツネさんのお家に着きましたが、ネズミ君たちはみんなヘトヘトになっていました。『キツネさん、お届け物です！』とキツネさんのお家のドアをたたくと、中からキツネのおばあさんが出てきました。『あらまあ、雪まみれじゃないの。ちょっとお部屋に入りなさい』。キツネのおばあさんは、ネズミのきょうだいをお部屋に入れてくれました。ネズミ君たちがウサギさんの代わりに荷物を届けていることを聞いたキツネのおばあさんは、『そうだったのね。慣れないお仕事、ご苦労さま。リンゴを6つも持ってこんな雪の中を歩くなんて、あなたたちには大変だったでしょう。ウサギさんも助かったことでしょうね』と言って、届いたリンゴをネズミ君たちに1つずつくれました。ネズミのきょうだいは喜んで、リンゴを持ってお家に帰りました。お部屋に入ると、ウサギさんがニコニコして出迎えました。『君たちのおかげですっかり元気になったよ。本当にありがとう。また元気に郵便を届けられそうだよ』と言って、ウサギさんは帰っていきました。その日の夜、ネズミのきょうだいはもらったリンゴを仲よく食べました。そして、キツネのおばあさんに手紙を書きました。どんな手紙を書いたのでしょうね」

・荷物を届け終わって自分たちのお家に着いたとき、ネズミ君たちはどんな顔をしていたと思いますか。4つの絵から選んで○をつけましょう。

次のような質問を聞いた後、挙手をしてテスターのところへ行き口頭で答える。
・どうしてキツネさんはリンゴをくれたのだと思いますか。
・ネズミのきょうだいはお手紙にどんなことを書いたと思いますか。

2 言語（同頭語）

・絵の中で、名前が「ト」から始まるものに○をつけましょう。

3 常識（季節）

・絵の中で冬らしいもの、冬と仲よしのものに○をつけましょう。

4 数量（すごろく）

おはじきを1つ使い、例題でやり方を確認してから行う。

・左端にあるおはじきが、すごろくのようにマス目を進みます。一番上の段を見てください。マス目の上に、動物の顔が並んでいますね。ライオンの顔は四角で4本の線でできているので、マス目を4つ進みます。キツネの顔は三角で3本の線でできているので3つ、ゾウの顔は丸くて1本の線でかけるので1つ進むというお約束です。タヌキの顔にはバツがかかれていて、バツは2本の線でできているので2つ戻ります。では、下のそれぞれの段でおはじきが、マス目の上に並んでいる動物の顔の順番でお約束通りにマス目を進むと、どのマス目に着きますか。おはじきを動かして調べ、着いたマス目に○をつけましょう。

個別テスト

5 推理・思考・巧緻性・常識・言語

折り紙5枚とはさみが用意されている。

A

・（テスターが、1枚目の折り紙を①のように1回折ってから三角の上の部分を切ってお手本を見せる）今度は、自分で折り紙を折って切ってみましょう。三角に2回折ってから、今と同じように上の部分を切ってください（2枚目の折り紙を②のように2回折ってから切り、開く）。

・（テスターが3枚目を③のように、4枚目を④のようにそれぞれ折ってから切って見せる）先ほどの2枚とこの2枚の折り紙を合わせて、2つの仲間に分けましょう。その理由も教えてください。

・（テスターが5枚目を⑤のように折ってから切って見せる）これはどちらの仲間に入れたらよいですか。その理由も教えてください。

B

・Aと同様のやり方で行い、同じ質問に答える。

集団テスト

6 行動観察

5、6人のグループで行う。お手本の写真（1、2）、さまざまな形の積み木、大きめのスポンジブロック、テニスボール、ペットボトル、ラップの芯、木の板、メガホンなどが用意されている。

・用意されているものを使って、お手本の写真と同じものをグループごとに協力して作りましょう。終わったら片づけをしましょう。

運動テスト

平均台・ジャンプ

坂になっている平均台を渡り、跳び箱に上がってマットの上に飛び降りる。平均台は、カニ歩きや少しずつ足を運ぶような渡り方はしてはいけないというお約束がある。

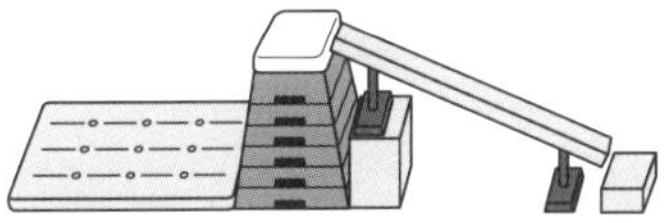

ケンパー

置かれたフープの中をケンパー・ケンパー・ケンケンパーで進み、帰りはパーケンケン・パーケン・パーケンで戻る。

親子面接

答えに対して面接官からコメントが入り、それを通してのやりとりがある。

本人

・自分のお名前と幼稚園（保育園）の名前を教えてください。
・好きな遊びは何ですか。
・運動は好きですか。
・虫に触れますか。
・好きな食べ物は何ですか。
・食べ物の好き嫌いはありますか。
・お手伝いはしていますか。どのようなお手伝いですか。
・お父さん、お母さんにどのようなことでほめられますか（しかられますか）。
・この学校に来たことはありますか。
・この学校のどんなところを気に入っていますか。
・この学校でどんなことをしてみたいですか。
・将来は何になりたいですか。それはどうしてですか。
・最近読んだ絵本は何ですか。

父親

・志望理由についてお聞かせください。
・本校を知ったきっかけを教えてください。
・本校にどのような印象を持たれましたか。
・どのようなときにお子さんをしかりますか。

母親

・本校の印象を教えてください。
・本校を知ったきっかけを教えてください。
・本校のどのようなところを気に入りましたか。
・本校について聞きたいことはありますか。
・お子さんは一言で言うと、どのようなお子さんですか。

1

2

3

4

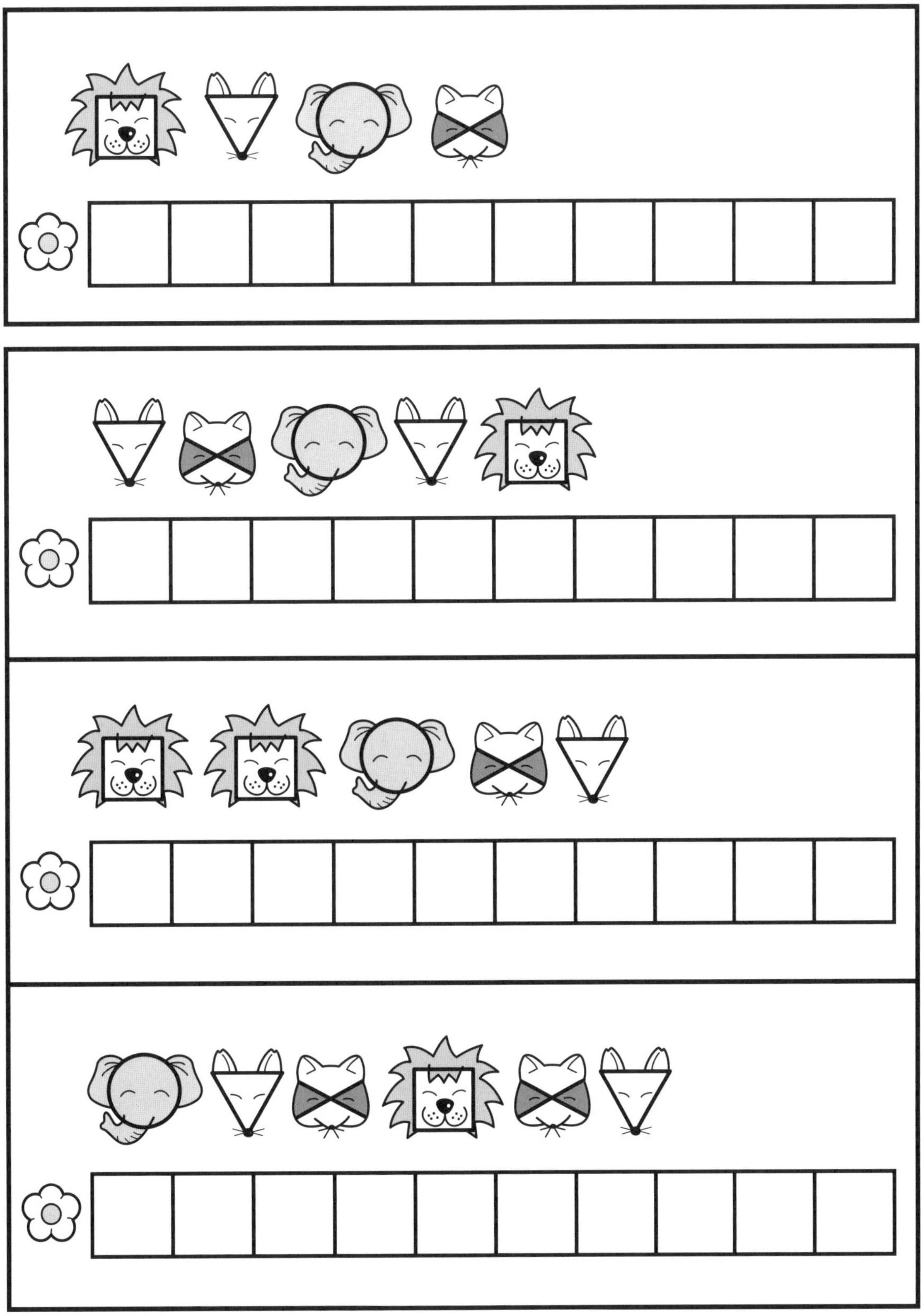

5

—

A

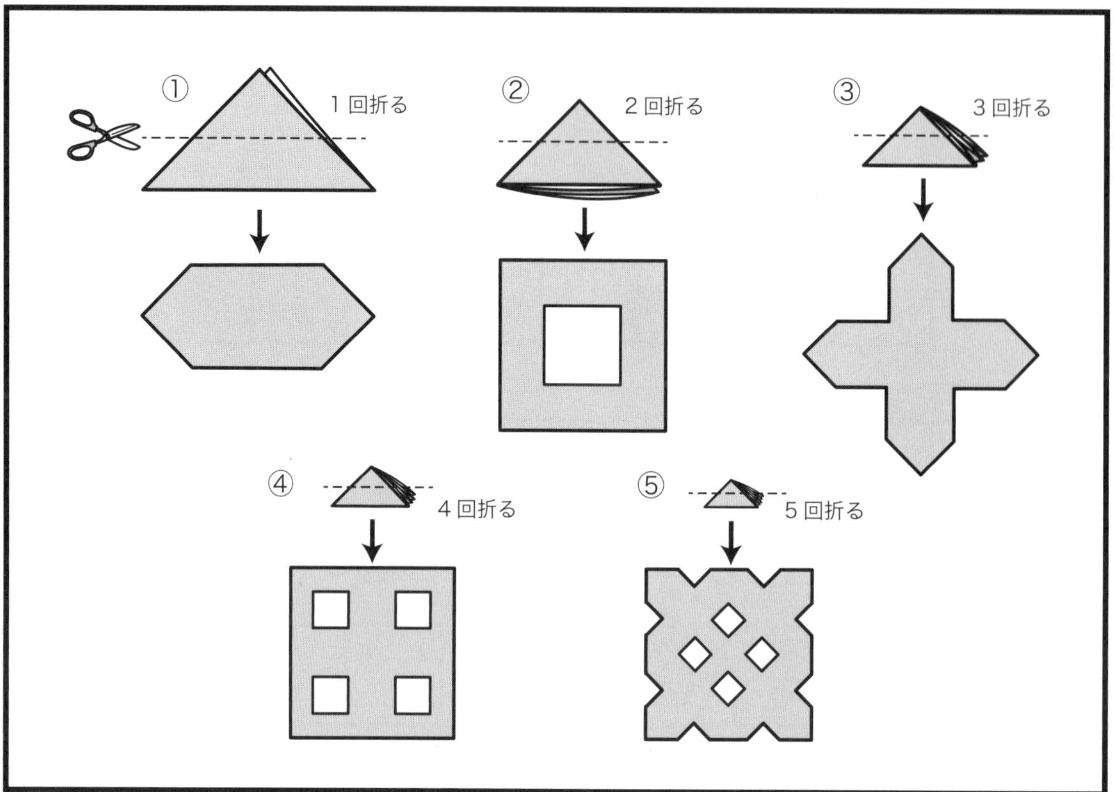

①
1 回折る
②
2 回折る
③
3 回折る
④
4 回折る
⑤
5 回折る

B

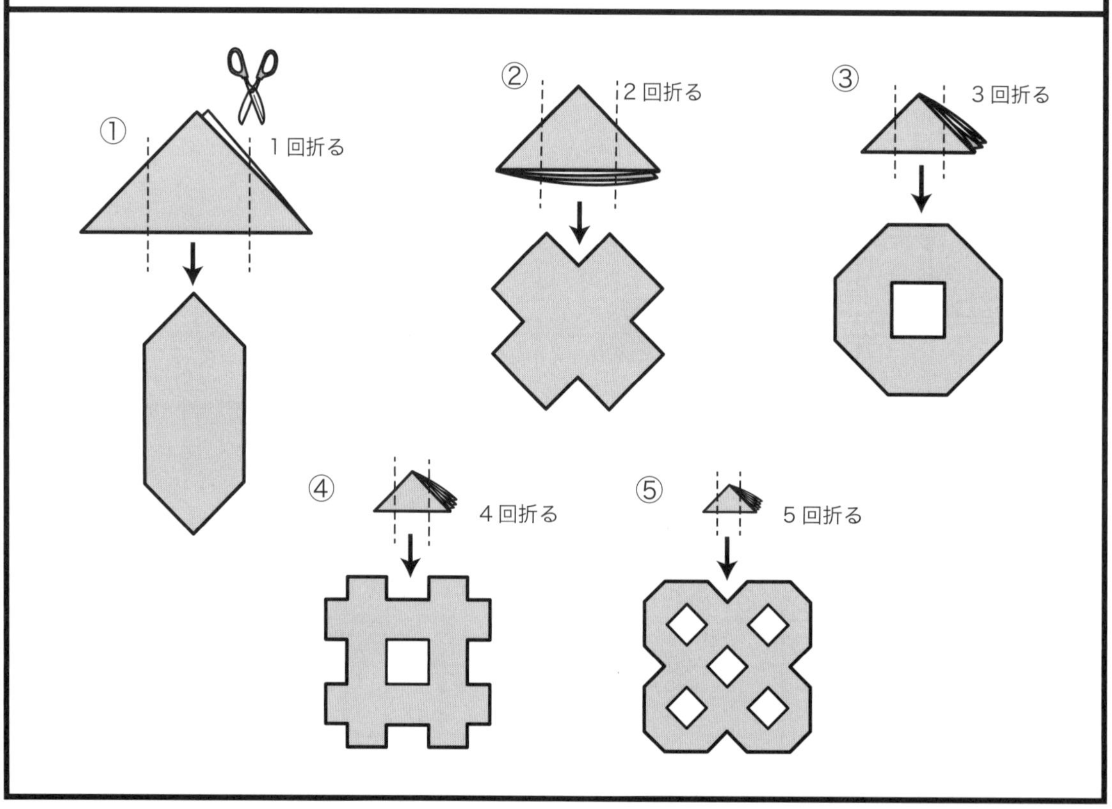

①
1 回折る
②
2 回折る
③
3 回折る
④
4 回折る
⑤
5 回折る

6

【お手本1】

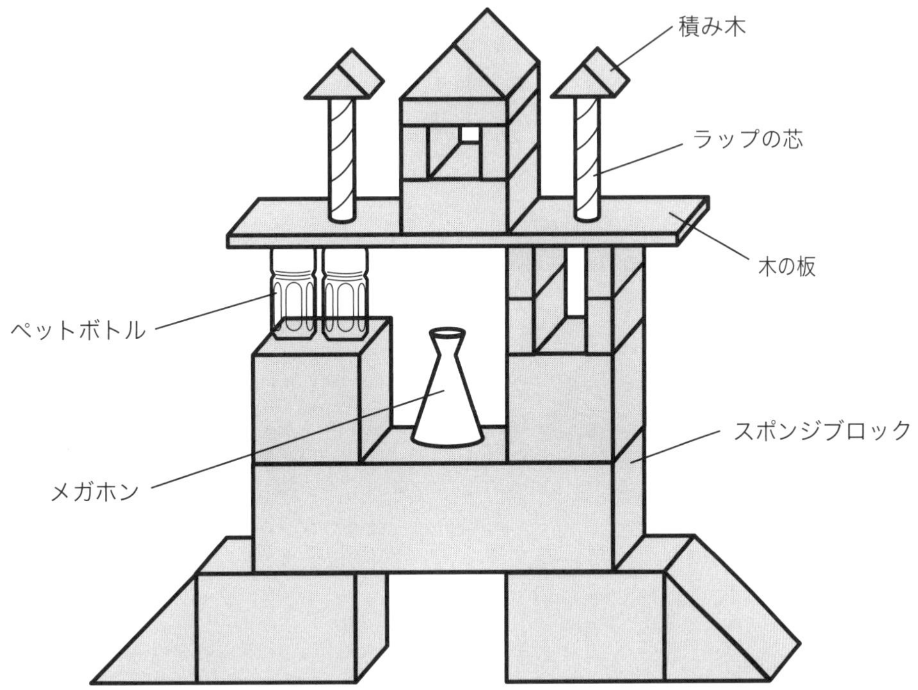
積み木
ラップの芯
木の板
ペットボトル
スポンジブロック
メガホン

【お手本2】

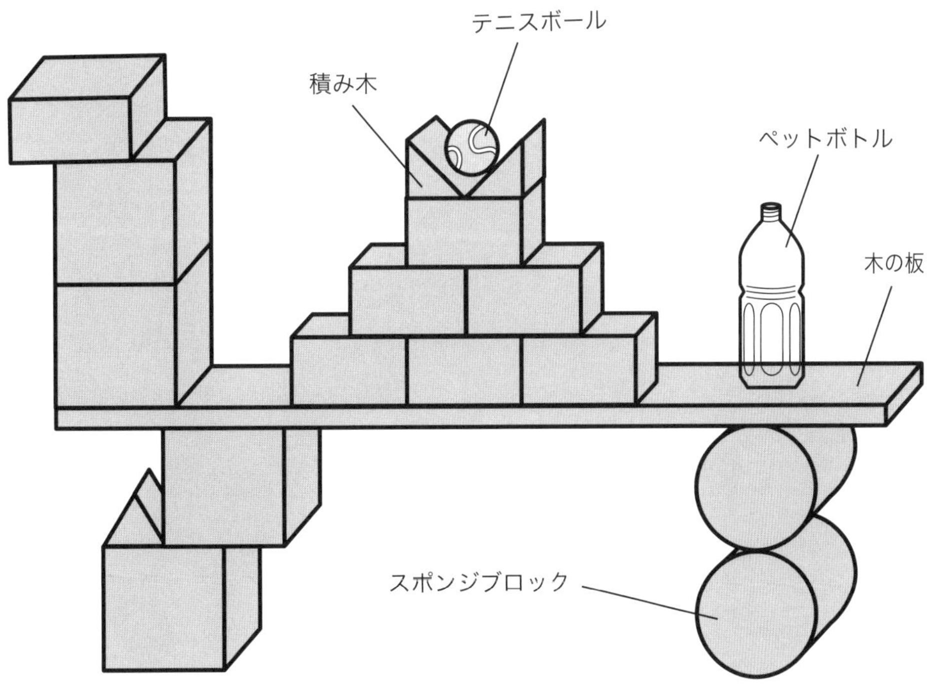
テニスボール
積み木
ペットボトル
木の板
スポンジブロック

section
2017 国立学園小学校入試問題

選抜方法

考査は２日間のうち希望する１日で、ペーパーテスト、個別テスト、集団テスト、運動テストを行う。所要時間は約１時間。考査日前の指定日時に親子面接が行われる。所要時間は約10分。

ペーパーテスト

筆記用具は鉛筆を使用し、訂正方法は // (斜め２本線)。

1 数 量

あみだくじの進み方を確認したうえで取り組む。

A
・動物たちがあみだくじの道を進んでお家に帰ります。途中でウサギに会うと三角を１つ、クマに会うと三角を２つもらえます。でも、オオカミに会うと三角を１つ取られてしまいます。キツネ、リス、タヌキがそれぞれ進んでいくと、ゴールのお家に着いたときには三角をいくつ持っていますか。その数だけ着いたお家の中のマス目に△をかきましょう。

B
・それぞれいくつか三角を持った動物たちが、あみだくじの道を進んでお家に帰ります。さっきと同じお約束で帰ると、ゴールのお家に着いたときには三角をいくつ持っていますか。その数だけ着いたお家の中のマス目に△をかきましょう。

2 言 語

・一番上の段を見ましょう。「カッパ」は詰まる音が入っていますね。このように、名前につまる音が入っているものに○をつけます。「バット」にも詰まる音が入っているので、○をつけてください。下の２つの段も同じようにやりましょう。

個別テスト

3 構 成

２つ並んだ机の左側に座る。右側の机には、直角三角形の小さなプレートがたくさん用意されている。

・(台紙が与えられ) 白い枠の中にピッタリ入るように、三角のプレートを置きましょう。

4 話の記憶・言語

（６枚の絵を順番に見せられ、紙芝居形式でお話を聞く）

「もうすぐクリスマスです。森の奥にひとりぼっちで寂しくすんでいるウサギさんがいました。ウサギさんはサンタさんにお手紙を書きました。ポストに入れようと思いましたが、夕方を過ぎてしまったので、サンタさんのお家まで届けに行くことにしました。寒いので手袋とマフラーを身につけました。地図と、帰りは夜になってしまうので懐中電灯を持ち、おなかがすいたときのために星の形をしたクッキーも持ちました。お家のドアに鍵をかけて、さあ出発です。お家を出てしばらく歩いていくと、氷の張った湖でキツネ君たちがスケートをしていました。でも、１匹だけスケートをしていないキツネ君がいました。『どうしてあなただけみんなと遊ばないの？』とウサギさんが聞くと、そのキツネ君は『寒くて遊べないんだ。こんなに寒いと思っていなかったから、僕は手袋とマフラーを持ってこなかったんだよ』と答えました。ウサギさんは、自分が身につけていた手袋とマフラーをキツネ君にあげました。『これで寒くないわね』とウサギさんが言うと、キツネ君は喜んでスケートをしに行きました。またしばらく歩いていると、今度は困った顔をしている子グマ君に出会いました。子グマ君はクリスマスツリーに飾りつけをしているところでした。ウサギさんはいったいどうしてそんなに困った顔をしているのか聞きました。すると子グマ君が、『このツリーを見てくれよ。飾りが全然足りなくて、ちっともすてきにならないんだ。困ったな』と答えました。ウサギさんはしばらく考えて、自分の持っている星の形をしたクッキーを差し出しました。『子グマ君、このクッキーを飾りにしてみてはどうかしら。きっとすてきだと思うわ』。ウサギさんがそう言うと、子グマ君はとても喜んでそのクッキーを受け取りました。さて、ウサギさんはまた歩き始めました。辺りはすっかり日が暮れて、道も暗くなっていきます。『すっかり夜になってしまったわ。サンタさんのお家まで急がなくちゃ』。早歩きをしながら暗い道を進んでいくと、向こうの方からシカ君がやって来ました。シカ君は道に迷っているようで、同じ場所を行ったり来たりしています。シカ君はきっと困っているなと思ったウサギさんは、自分の持っている地図と懐中電灯をシカ君に渡してあげました。シカ君は『これはとても助かります。どうもありがとう！』と言って、喜んで歩いていきました。いろいろな動物たちに会って、ウサギさんが持っているものはサンタさんへのお手紙だけになってしまいました。『わたしが欲しいもの、サンタさんはくださるかしら……』とお手紙の入ったカゴを握りしめながら、ウサギさんは道を急ぎました。ウサギさんがサンタさんのお家に着くと、ちょうどサンタさんは森の動物たちへプレゼントを届けに出かけるところでした。『サンタさん！　遅くなってしまったけれど、わたしが欲しいものをお手紙に書きました』というウサギさんの言葉を聞いたサンタさんは、手紙を受け取って言いました。『そうかそうか。確かに受け取りましたよ。遠くから大変じゃったのう。どれ、このソリに乗せて君のお家まで送っていこう』。ウサギさんはお礼を言ってソリに乗りました。トナカイさんに引かれてサンタさんとウサギさん、プレゼントを乗せたソリが動き出します。ウサギさんは、『サンタさん、手紙を読んでくれないのかな。わたしの欲しいものはちゃんともらえるのかしら』と少し心配になりました。すると、ウサギさんが思ったことを聞いていたかのように、『君の欲しいものはきっともう届いていると思うぞ』とサンタさんがつぶやきました。ウサギさんは『サンタさんのほかに誰がプレゼントを届けるのかしら』と不思議に思いながら、そのうちに眠ってしまいました。しばらくたって、サンタさんの声が聞こえました。『ウサギさん、そろそろ君のお家が見えてきたぞ。起きなさい』。ウサギさんは眠い目をこすりながら、まだ遠くにある自分のお家を見ました。おや、ウサギさんのお家の前では動物たちが手を振っています。それは、ウサギさんがさっき会ったシカ君でした。湖で会ったキツネ君もいました。そして、子グマ君もいました。『みんな、君を待っているみたいじゃのう。急いで向かおう』と、サンタさんはソリを引くトナカイさんをもっと速く走らせました。ウサギさんはサンタさんにとても大きな声で言いました。『サンタさん、わたしの欲しいもの、ちゃんともらったわ！　ありがとう』。すてきなクリスマスの夜を過ごせそうですね」

次のような質問を聞いた後、挙手をしてテスターのところへ行き口頭で答える。
・スケートをしていたのは誰でしたか。
・ウサギさんは寒そうにしていたキツネ君にはどんなことをしてあげましたか。
・ウサギさんは子グマ君に何をあげましたか。
・ウサギさんはサンタさんに何のお願いごとをしようとしていたと思いますか。
・ウサギさんは何のプレゼントをもらったと思いますか。

5 言　語

テスターが絵を見せながら質問をする。質問は１人ずつ異なる。
・この中から「ポツポツしているもの」を指でさしましょう。
・この中から「フワフワしているもの」を指でさしましょう。
・この中から「クルクルしているもの」を指でさしましょう。
・この中から「ザーザーしているもの」を指でさしましょう。

集団テスト

6 行動観察

５、６人のグループで行う。お手本の写真（１、２）、さまざまな形の積み木、大きめのスポンジブロック、ゴムボール、ペットボトル、ラップの芯、トイレットペーパーの芯、木の棒、メガホンなどが用意されている。
・用意されているものを使って、お手本の写真と同じものをグループごとに協力して作りましょう。終わったら片づけをしましょう。

運動テスト

平均台・ジャンプ

坂になっている平均台を渡り、マットの上に飛び降りる。平均台は、カニ歩きや少しずつ足を運ぶような渡り方はしてはいけないというお約束がある。

親子面接

答えに対して面接官からのコメントが入り、それを通してのやりとりがある。

本人

- 自分のお名前と幼稚園（保育園）の名前を教えてください。
- 運動は好きですか。
- 好きな外遊びは何ですか。
- 食べ物で好き嫌いはありますか。
- この学校に来たことはありますか。どのような学校だと思いますか。
- この学校の気に入っているところはどこですか。
- お家でお手伝いはしていますか。どのようなお手伝いですか。
- お父さん、お母さんにどのようなことでほめられますか（しかられますか）。
- 将来は何になりたいですか。それはどうしてですか。
- 最近読んだ絵本は何ですか。

父親

- 志望理由についてお聞かせください。
- 本校を知ったきっかけを教えてください。
- 本校にどのような印象を持たれましたか。
- どのようなときにお子さんをしかりますか。

母親

- 本校の印象を教えてください。
- 本校のどのようなところがよいと思われましたか。
- 本校を知ったきっかけを教えてください。
- 本校に聞きたいことはありますか。
- お子さんは一言で言うと、どのようなお子さんですか。

1
–
A

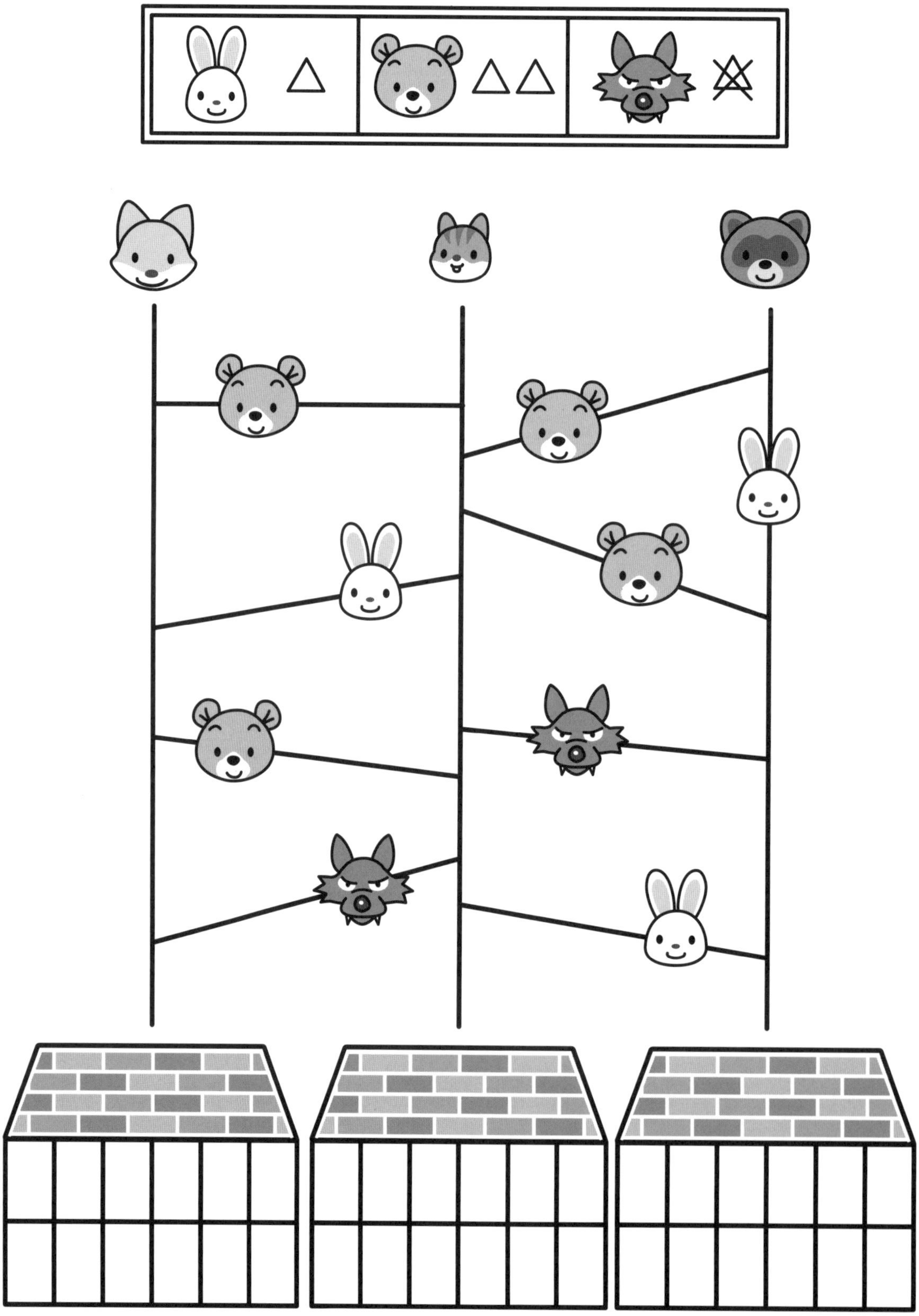

1
|
B

2

3

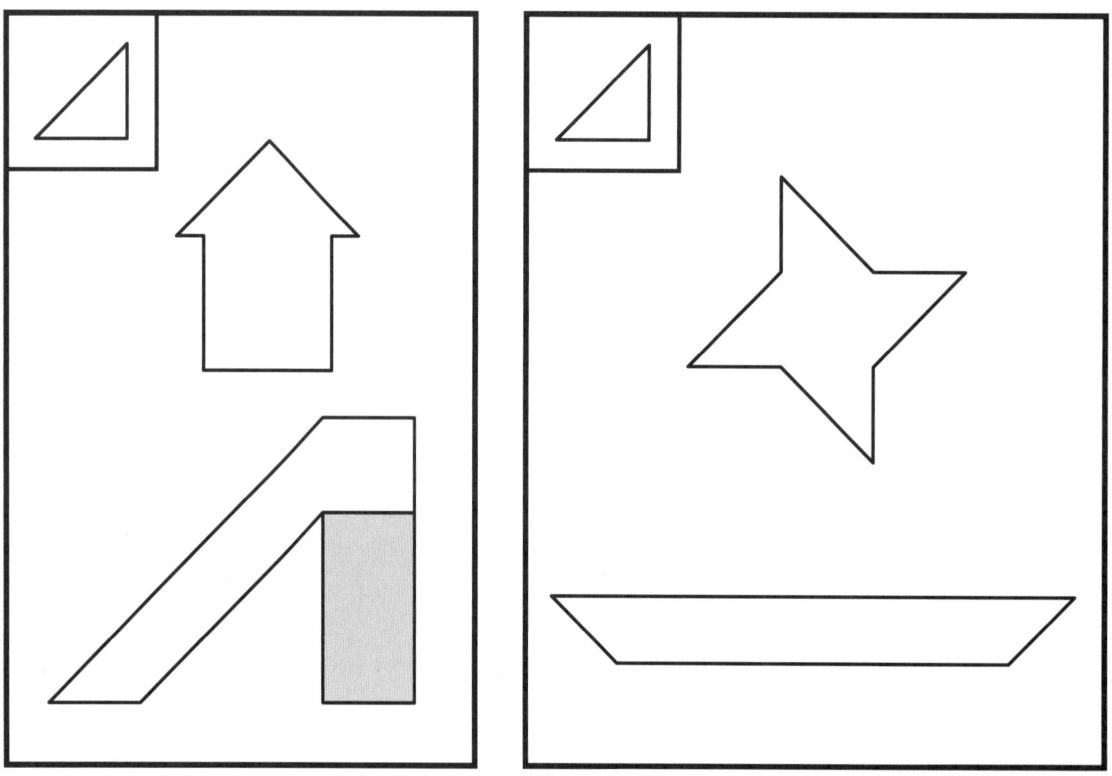

4

5

6

【お手本1】キリン

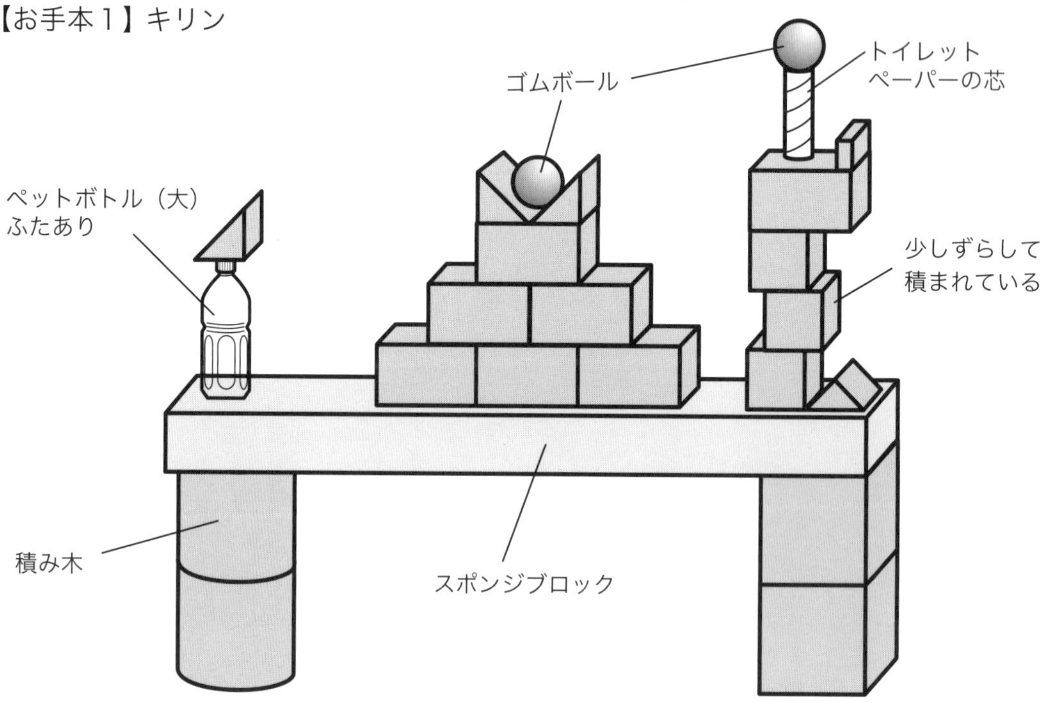

【お手本2】塔

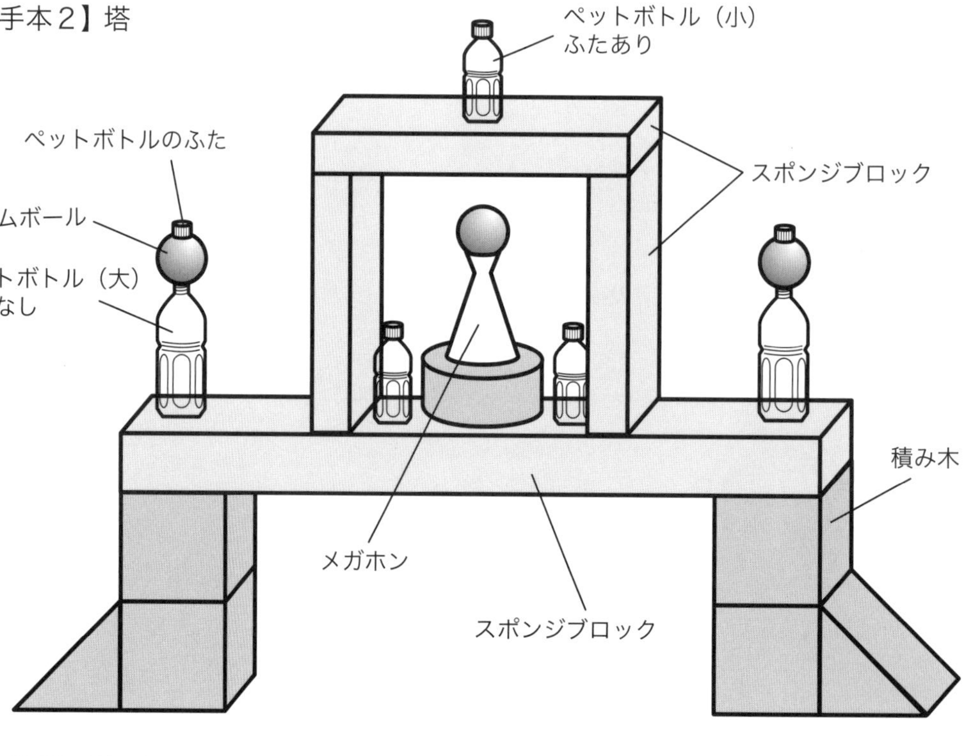

section
2016 国立学園小学校入試問題

選抜方法

考査は2日間のうち希望する1日で、ペーパーテスト、個別テスト、集団テスト、運動テストを行う。所要時間は約1時間。考査日前の指定日時に親子面接が行われる。所要時間は約10分。

ペーパーテスト

筆記用具は鉛筆を使用し、訂正方法は //（斜め2本線）。

1 言　語

・左上の四角を見ましょう。「スイカ」「タイコ」は真ん中の音が両方とも「イ」ですね。このように左と右の絵で名前の真ん中の音が同じものを見つけて、点と点を線で結びましょう。ただし、結べないものもあります。ほかの四角も同じようにやりましょう。

2 数量・推理

パターンブロックで作られたお手本のカラー写真（A、B）が前に貼られている。机の上にパターンブロックで作られた例題用のお手本と、さまざまな形のパターンブロックが用意されている。例題用のお手本と同じものを各自で作り、使ったパターンブロックの数を確認する。

・お手本（写真）を見ましょう。このお手本を作るのに、それぞれのパターンブロックがいくつずつ使われているか考えて、パターンブロックの絵の横のマス目に○をかきましょう。パターンブロックは使わずに考えてください。

個別テスト

3 巧緻性・構成

2で使ったパターンブロックを使用し、各自の机で課題を行う。パターンブロックで作られたお手本のモノクロ写真（C）が前に貼られている。机の上にさまざまな形のパターンブロックと台紙が用意されている。

・お手本を見てどのように作られているかを考え、同じように作りましょう。台紙には使うパターンブロックの数だけ丸がかいてあります。それぞれのパターンブロックを、丸の数だけ机の上に出してから作りましょう。

集団テスト

4 話の記憶・言語

（6枚の絵を見ながらお話を聞く）

「今日は動物さんたちがハイキングに行く日です。ところが、サル君は風邪を引いてしまいました。『あーあ、せっかく楽しみにしていたのになぁ』。サル君はベッドの上で残念そうにつぶやきました。しばらくすると、サル君のお母さんが薬を持って部屋に入ってきました。『さぁ、お薬の時間ですよ』。お母さんはお水と一緒に薬を渡しましたが、サル君はなかなか飲もうとしません。『こんな苦い薬を飲むのは嫌だな。ハイキングには行けないし、僕だんだん悲しくなってきたよ。この薬どうしても飲みたくないな』と、どんどん元気がなくなっていくように見えるサル君にお母さんは困ってしまいました。そのときです。『サルくーん』と外から呼ぶ声がしました。サル君が窓から外を見てみると、お友達のウサギさん、タヌキ君、クマ君がやって来ていました。サル君は驚きました。だってみんなはもうハイキングに出かけているものだと思っていたからです。3匹は窓の外から、みんなでサル君のお見舞いに来たことを話しました。『今日ね、朝みんなで待ち合わせをしたときまではハイキングに行こうと思っていたんだ。だけど、やっぱりサル君が一緒でないと楽しくないね、ということになって行き先を変えたんだよ』とクマ君が言いました。『そうそう！　お山じゃなくて、サル君のお家に行くことにしたんだよね。ところでサル君だいじょうぶかい？』とタヌキ君が言いました。『うん、だいじょうぶ』。小さな声でサル君が答えました。ウサギさんは、サル君のそばにあった薬とお水を見て『あら、これからお薬を飲むところだったのね。早く元気になって、みんなでハイキングに行きましょうね！待ってるからね』と言いました。動物さんたちはしばらくお話をして、帰っていきました。お友達が帰った後、お母さんが『お薬を飲みましょう』と言う前にサル君は薬に手を伸ばし、目を固く閉じながらお水と一緒に飲み込みました。そして早くよくなるようにすぐに布団に入り、眠りました。次の日、リュックサックを背負い水筒を下げて『行ってきまーす！』と大きな声で言って元気にお家を出たサル君を、お母さんはうれしそうに見送りました。そしてサル君は、ウサギさん、タヌキ君、クマ君と一緒に楽しく山へハイキングに行きました。山のてっぺんでは、おいしいお弁当を食べたりオニごっこをしたりして楽しみました」

次のような質問を聞いた後、挙手をしてテスターのところへ行き口頭で答える。

・サル君は飲みたくなかったお薬をどうして飲めたのだと思いますか。

・サル君はどうして早く風邪を治そうとしたのですか。

・お友達がお見舞いに来たとき、サル君はどんな気持ちだったと思いますか。

5 行動観察

5、6人のグループで行う。お手本の写真（1、2）、さまざまな形の積み木、大きめのスポンジブロック、テニスボール、ゴムボール、ペットボトル、ラップの芯、トイレットペーパーの芯、メガホンが用意されている。

・用意されているものを使って、お手本の写真と同じものをグループごとに協力して作りましょう。終わったら片づけをしましょう。

運動テスト

平均台・ジャンプ

坂になっている平均台を渡り、マットの上に飛び降りる。平均台はカニ歩きで渡ってはいけないという指示がある。

模倣体操

メトロノームのリズムに合わせて模倣体操をする。

親子面接

答えに対して面接官からのコメントが入り、それを通してのやりとりがある。

本人

・自分のお名前と幼稚園（保育園）の名前を教えてください。
・家族で電車に乗ったとき、1つ席が空いていたら誰が座りますか。
・運動は好きですか。
・好きな外遊びは何ですか。木登りをしたことはありますか。
・この学校に来たことはありますか。どのような学校だと思いますか。
・小学校で何を頑張りたいですか。
・この学校のどのようなところがよいと思いますか。
・お家でお手伝いはしていますか。どのようなお手伝いですか。
・お父さん、お母さんにどのようなことでほめられますか（しかられますか）。
・将来は何になりたいですか。それはどうしてですか。
・最近読んだ絵本は何ですか。

父親

・志望理由についてお聞かせください。

・本校を知ったきっかけを教えてください。
・本校にどのような印象を持たれましたか。
・どのようなときにお子さんをしかりますか。

母 親

・本校の印象を教えてください。
・本校のどのようなところがよいと思われましたか。
・本校を知ったきっかけを教えてください。
・どのようなときにお子さんをしかりますか。
・お子さんは一言で言うと、どのようなお子さんですか。

1

2

【お手本】（カラー写真 A）

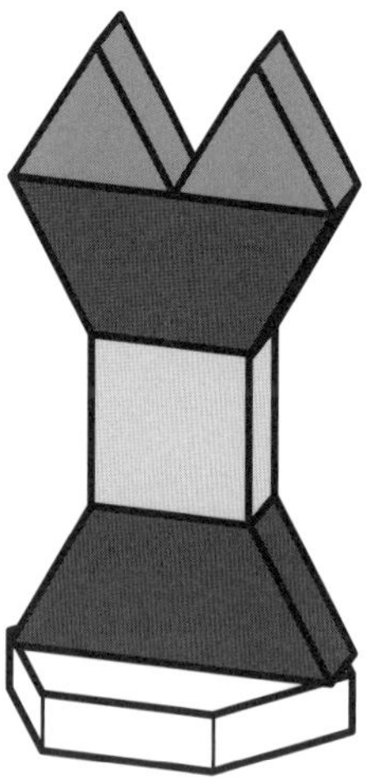

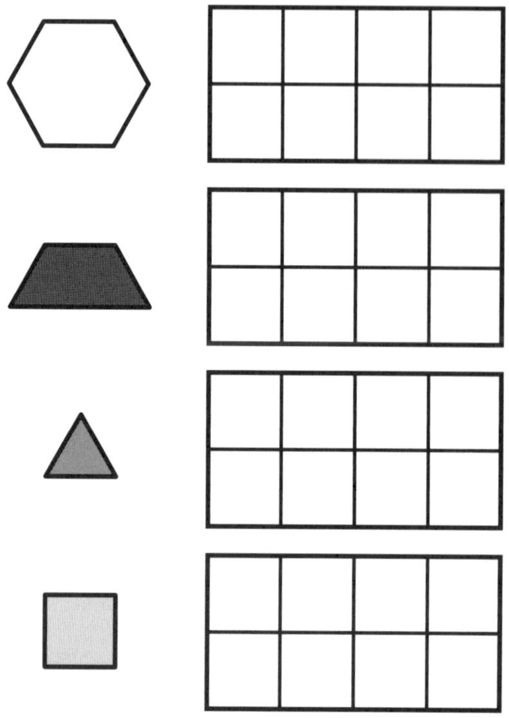

【お手本】（カラー写真 B）

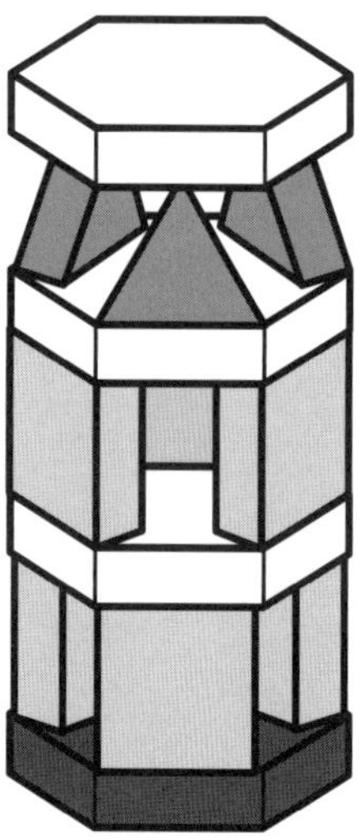

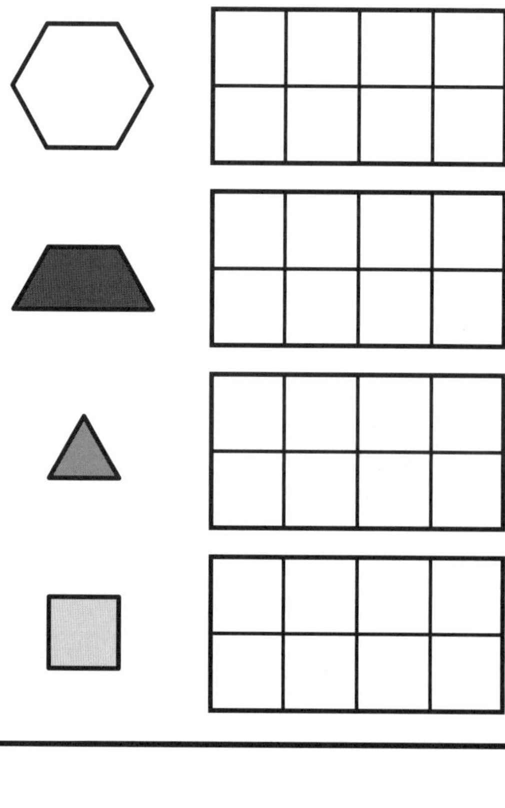

3

【お手本】（モノクロ写真 C）

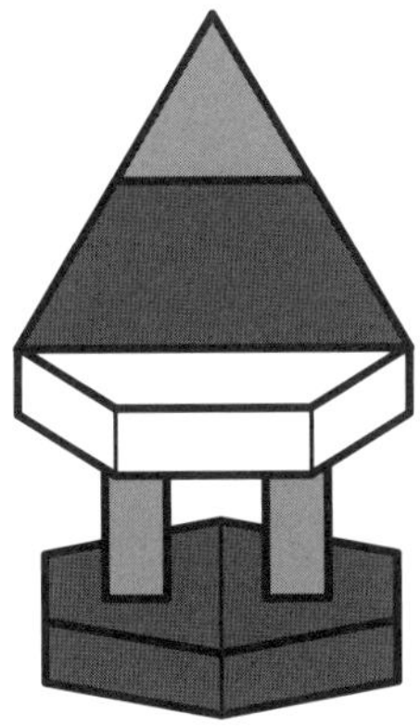

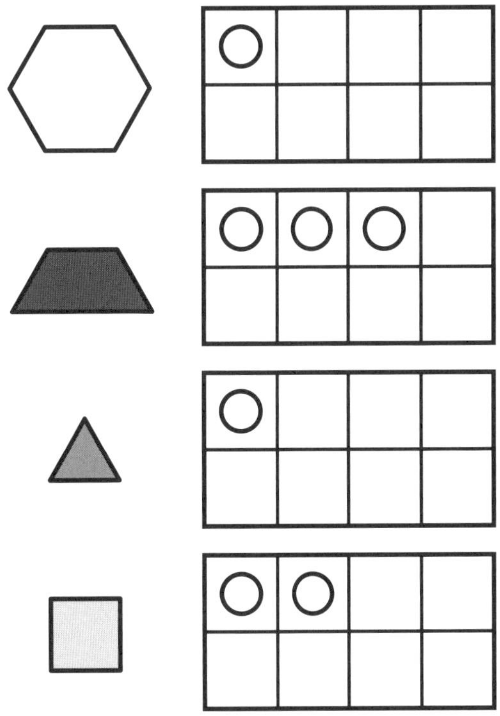

4

5

【お手本１】

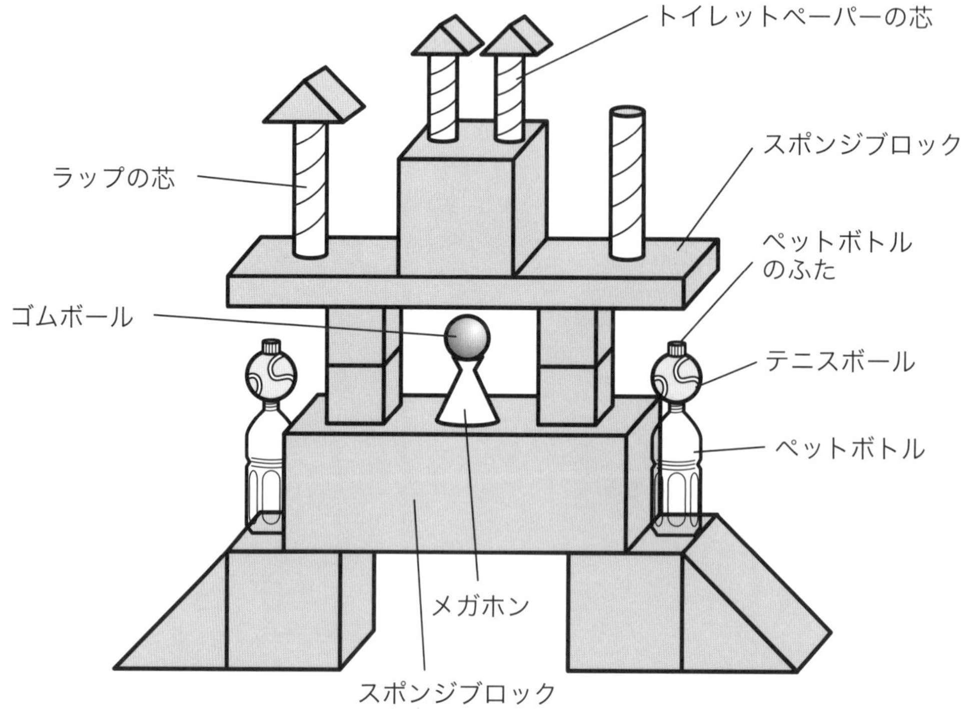
トイレットペーパーの芯
スポンジブロック
ラップの芯
ペットボトル
のふた
ゴムボール
テニスボール
ペットボトル
メガホン
スポンジブロック

【お手本２】

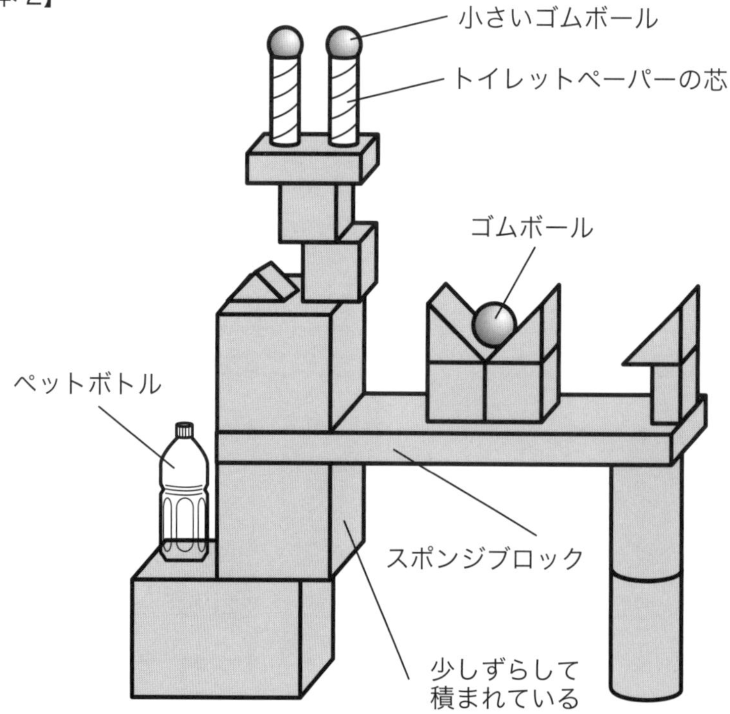
小さいゴムボール
トイレットペーパーの芯
ゴムボール
ペットボトル
スポンジブロック
少しずらして
積まれている

section
2015 国立学園小学校入試問題

選抜方法

考査は２日間のうち希望する１日で、ペーパーテスト、個別テスト、集団テスト、運動テストを行う。
所要時間は約１時間。考査日前の指定日時に親子面接が行われる。所要時間は約10分。

ペーパーテスト

筆記用具は鉛筆を使用し、訂正方法は //（斜め２本線）。

1 言語（しりとり）

（例題でやり方を確認してから行う）

・しりとりをしましょう。左の絵から順番にしりとりをしていくと、正しくつながらない絵が１つだけあります。正しくない絵を見つけたら、その絵の下の四角に×をかき、正しいものをすぐ下の囲みの中の３つの絵から選んで、その絵の下の四角に○をかきましょう。下まで全部やりましょう。

2 話の記憶

（４枚のウサギの絵を見ながらお話を聞く）

「ある日、ウサギの家族が引っ越してきました。ミミタという名前のウサギの男の子はお友達をつくろうと思い、さっそく外に出かけていきました。しばらく歩くと、ゴミ捨て場で遊んでいるウサギのプンプン君に会いました。プンプン君から『一緒に遊ぼう』と誘われましたが、ミミタは『君は臭いからお友達にはならないよ』と言いました。次に会ったのは、ウサギのボーボー君でした。ミミタは『プールに行かない？』とボーボー君を誘いましたが、ボーボー君は何も答えずボーッとしていたので、つまらないと思い、お友達にはなりませんでした。しばらく歩くと、今度はドンドン君というウサギに会いました。ドンドン君は太鼓を鳴らして遊んでいました。『君も一緒に遊ぼうよ』と誘われましたが、『君はドンドンうるさいからお友達にはならないよ』と言いました。お友達ができないまま、ミミタは一度お家へ帰りました。ミミタのお母さんから『お友達はもうできたの？』と聞かれたので、『お友達はまだできていないんだ。仲間には会うけれど、僕は泳ぎに行きたいのに、みんな好き勝手に遊んでいるんだ。嫌になったからお友達にはならないで帰ってきたんだよ』と、ミミタは言いました。すると、お母さんが『ミミタが泳ぎに行きたいように、ほかのお友達だって好きなことをしたいのよ。自分のことばかり考えていたら、いつまでたってもお友達はできないわよ』と言いました。しばらく考えたミミタは、もう一度出かけることにしました。歩いていると、先ほどボーッとしていたボーボー君に会いました。ボーボー君はいすに座って絵本を読んでいました。ミミタは話しかけました。『僕と一緒に泳ぎに行かない？』ボーボー君はゆっくりミミタを見ると、『僕は今絵本を読んでいるから……』と小さな声で言いました。ミミタはしばらくボーボー君の前に立っていましたが、そのうち、ボーボー君の隣に腰かけました。『その絵本、そんなに面白いの？』とミミタが聞くと、『うん、とても面白いよ。君にも見せてあげる』と、ボーボー君がニコニコしながら言いました。2匹で仲よく絵本を見ながら、『いつのまにかお友達ができてうれしいな』とミミタは思いました」

・お母さんにお友達ができたか聞かれたとき、ミミタはどんな顔をしていたと思いますか。上の段から選んで○をつけましょう。
・ボーボー君とお友達になったときのミミタはどんな顔をしていたと思いますか。下の段から選んで○をつけましょう。
・あなただったら、誰とお友達になりたいですか（手を挙げるとテスターが近くにやって来るので、1人ずつお話しする）。

3 推理・思考（鏡映図）

テスターが標識のようなものを大きな鏡に映し、鏡に映ったものが対称であることを一人ひとり順番に確認した後、自分の席に座る。
・（2つの時計を見せられる）左の時計を鏡に映したものが右の時計とすると、右の時計はどこが間違っていますか。言える人は手を挙げて、お話ししてください（テスターが近くにやって来るので、1人ずつお話しする）。
・下の2段です。下に描かれている絵は、上のどの絵を鏡に映したものでしょうか。合うものに○をつけましょう。2つともやりましょう。

個別テスト

4 構　成

パターンブロックで作られたお手本が前に貼られている。机の上にさまざまな形のパターンブロックが用意されている。
・机にあるパターンブロックを使って、前に貼ってあるお手本と同じ形を作りましょう。

集団テスト

5 行動観察

7、8人のグループで行う。お手本（1、2）の写真、さまざまな形の積み木、大きめのスポンジブロック、テニスボール、大小のペットボトル、ラップの芯、紙コップ、メガホン、木の棒が用意されている。

・用意されているものを使って、お手本の写真と同じものをグループごとに協力して作りましょう。終わったら片づけをしましょう。

運動テスト

平均台・ジャンプ

坂になっている平均台を渡り、跳び箱の上に立ち、マットの上に飛び降りる。

模倣体操

メトロノームのリズムに合わせてラジオ体操をする。

親子面接

答えに対して面接官からのコメントが入り、それを通してのやりとりがある。

本人

・自分のお名前、幼稚園（保育園）の名前を教えてください。
・食べ物の好き嫌いはありますか。
・運動は好きですか。
・好きな外遊びは何ですか。
・お手伝いはしていますか。どのようなお手伝いですか。
・どんなことでほめられますか。
・どんなことでしかられますか。
・将来は何になりたいですか。それはどうしてですか。
・最近読んだ絵本は何ですか。
・電車に家族で乗ったとき、席が1つだけ空いていたら誰が座りますか。
・この学校に来たことはありますか。どんなことをしましたか。

父親

・志望理由についてお聞かせください。
・本校を知ったきっかけは何ですか。
・本校の印象をお聞かせください。
・お子さんをどのようなときにしかりますか。

母 親

・本校の印象をお聞かせください。
・本校の気に入ったところはどこですか。
・本校を知ったきっかけは何ですか。
・本校のよいところはどこだと思いますか。

1

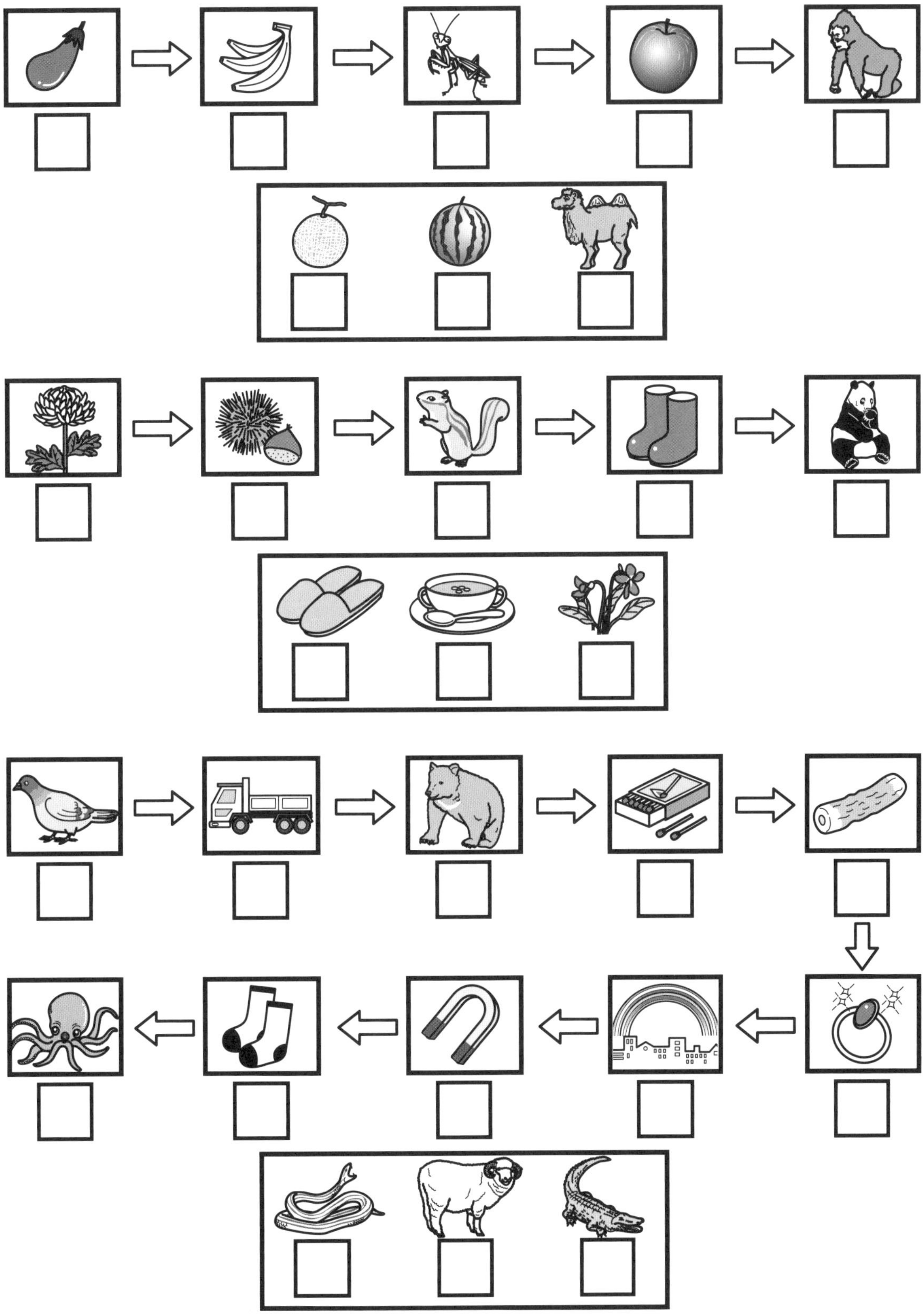

2

3

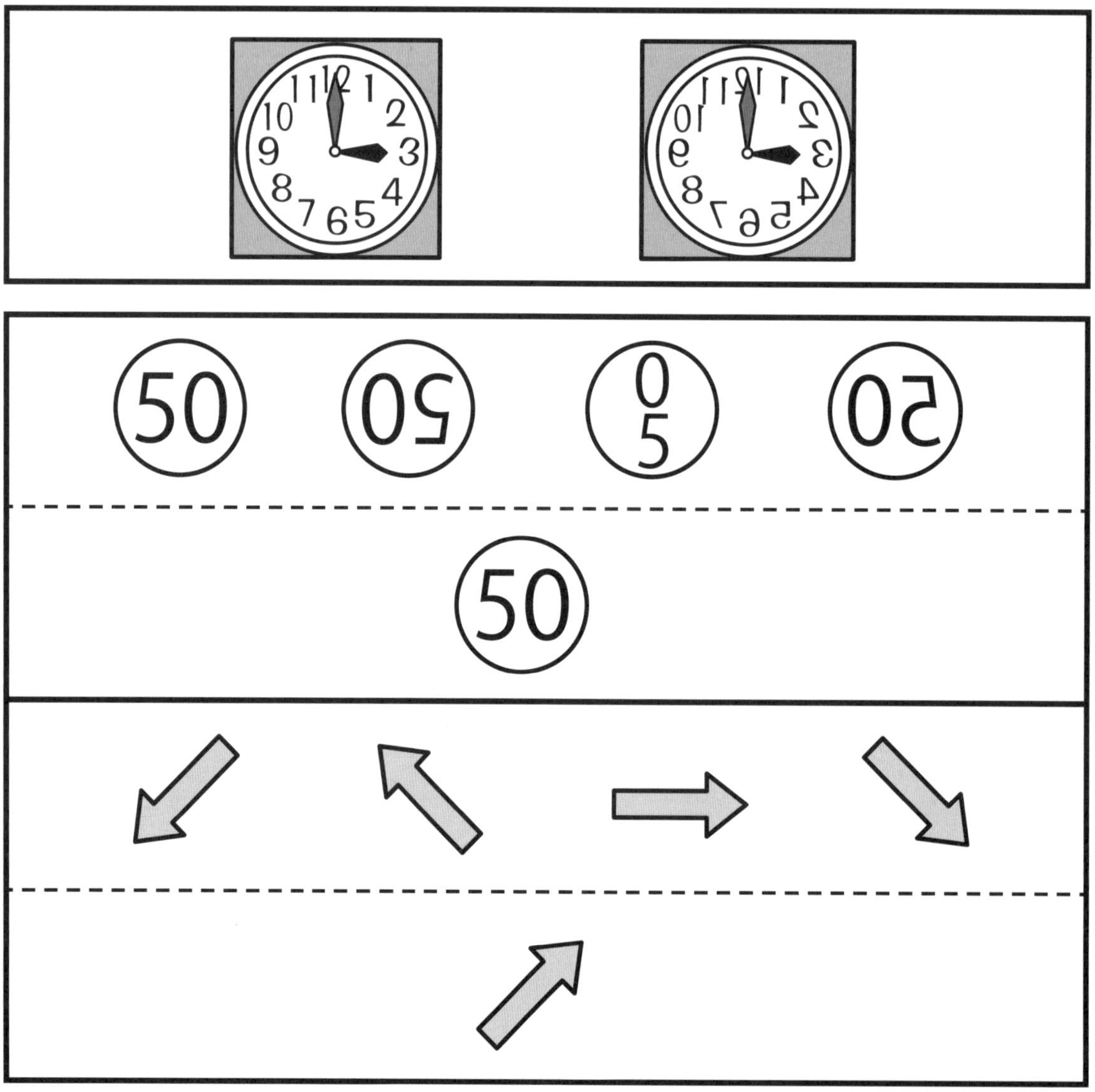

4

【お手本１】

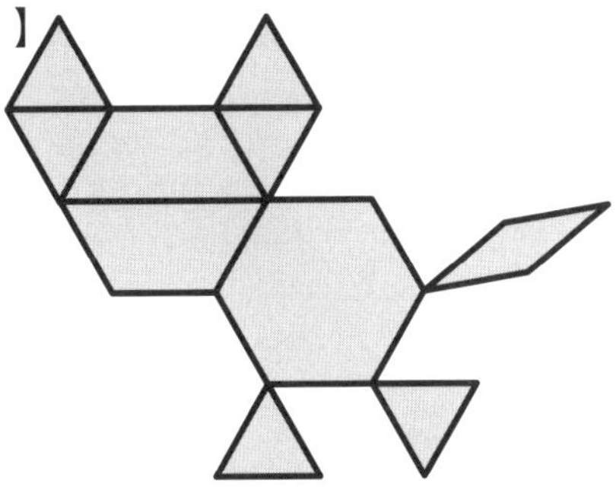

【お手本 2】

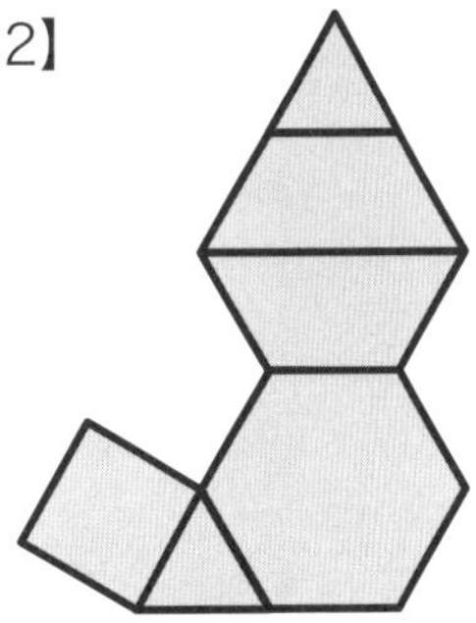

5

【お手本１】

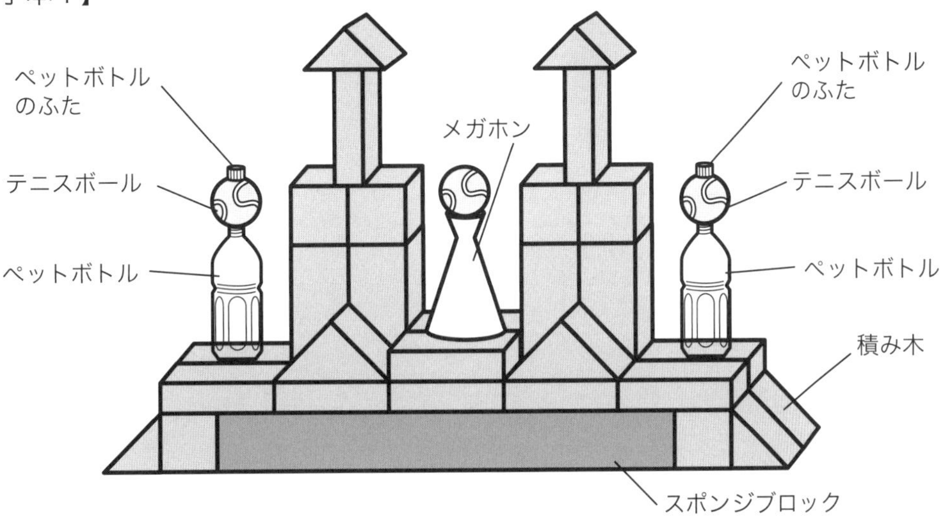

【お手本２】

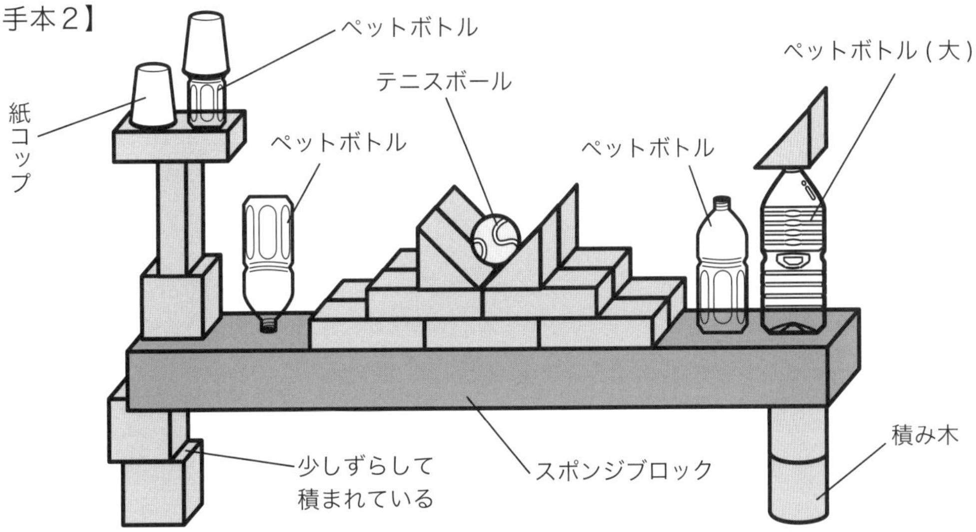

section
2014 国立学園小学校入試問題

選抜方法

考査は２日間のうち希望する１日で、ペーパーテスト、個別テスト、集団テスト、運動テストを行う。所要時間は約１時間。考査日前の指定日時に親子面接が行われる。所要時間は約10分。

ペーパーテスト

筆記用具は鉛筆を使用し、訂正方法は // (斜め２本線)。

1 2の内容はグループによって多少異なる。

1 言語（同頭語）

・「タ」の音から始まるものを選んで○をつけましょう。

2 言語（同尾語）

・「カ」の音で終わるものに○をつけましょう。

3 数　量

ウサギの絵の駒とおはじきが用意されていて、それを動かしながら考える。

※上は例題として行う。

・ウサギがすごろくをしながらお家に帰ります。上の動物の顔のところに止まったら、顔の下に丸バツでかいてある数のドングリをもらったりあげたりするお約束です。では、下のサイコロ通りに進むとドングリはいくつになりますか。皆さんもおはじきをドングリだと思って、おはじきを下の長四角に置きながら考えましょう。まず、サイコロの目の数が２つなので２つ進みます。するとウサギはリスのところに来ますね。リスに出会ったらドングリを３つもらえるお約束なので、下の長四角におはじきを３つ置きましょう。次は、サイコロの目が５になっているので、ウサギは今いるところから５つ進みます。そうすると、オオカミのところに来ますね。オオカミに出会うとドングリを３つあげなくてはいけません。ドングリは３つなくなってしまうということですから、長四角からおはじきを３つ取りましょう。次はサイコロの目が１なので、そこから１つ進みます。するとウサギはリスのところに来ますので、またドングリが３つもらえます。長四角におはじきを３つ並べます。最後はサイコロの目が５ですから、その通りに進むと、無事にお家に着くことができました。さて、お家に着いたときウサギの持っているドングリの数はいくつになっていますか。その数だけ、右上のマス目に○をかきましょう。やり方はわかりましたか。では、下のすごろくを今と同じお約束でやってみましょう。

4 数　量

・3と同じお約束です。今度は途中からサイコロの目がなくなっていますね。ウサギがお家に帰るためには、あといくつ進んだらよいですか。空いている四角の全部を使って、ちょうどピッタリの数でお家に着くように、サイコロの目をかきましょう。また、その通りに進んだときにウサギがもらえるドングリの数も考え、右上のマス目に○をかきましょう。

個別テスト

5 巧緻性・構成

パズルのピースの台紙と枠はめ用の台紙、はさみが用意されている。
・台紙の黒い線をはさみで切り、パズルのピースを作りましょう。
・台紙の枠の中にピッタリあてはまるようにパズルのピースを置きましょう。ピースは裏返しにしてもよいですよ。

巧緻性

（丸い紙とつまようじ10本がある。紙の模様は子どもによって異なる）
・丸い紙の真ん中につまようじを挿してコマを２つ作りましょう。できたら回して遊びましょう。

6 推理・思考

・左にかいてある模様は、コマのように回したときどのようになるでしょうか。右側から正しい様子を選んで○をつけましょう。

集団テスト

話の記憶

「ふゆじたくのおみせ」（ふくざわゆみこ作・絵　福音館書店刊）の紙芝居を聴いた後に手を挙げて質問に答える。
・ジャンケンで勝ったときのヤマネの気持ちはどのようなものでしたか。
・ヤマネはどうしてドングリをこっそり落としたのだと思いますか。

7 行動観察

お手本（写真）、さまざまな形の積み木、大きめのスポンジブロック、テニスボール、ペットボトル、ラップの芯やトイレットペーパーの芯のようなもの、ケン玉のようなプラスチックの棒などが用意されている。

・用意されているものを使って、お手本（写真）と同じものをみんなで作りましょう。

運動テスト

平均台・ジャンプ

坂になっている平均台を渡り、マットの上に飛び降りる。

模倣体操

「気をつけ」の姿勢から手を横、上、横、「気をつけ」の姿勢に戻す。

親子面接

答えに対して面接官からのコメントが入り、それを通してのやりとりがある。

本人

・自分のお名前と幼稚園（保育園）の名前を教えてください。
・食べ物の好き嫌いはありますか。
・運動は好きですか。
・好きな外遊びは何ですか。
・お手伝いはしていますか。どのようなお手伝いですか。
・どんなことでほめられたり、しかられたりしますか。
・将来は何になりたいですか。それはどうしてですか。
・最近読んだ絵本は何ですか。
・電車に家族で乗ったとき、1つ席が空いていたら誰が座りますか。
・この学校に来たことはありますか。どんなことをしましたか。

父親

・志望理由（かなり詳しく）をお聞かせください。
・どのようにして本校をお知りになりましたか。
・本校の印象をお聞かせください。
・お子さんをどのようなときにしかりますか。

母 親

- 本校の印象をお聞かせください。
- 本校の気に入ったところはどこですか。
- 本校をお知りになったきっかけは何ですか。
- 本校のよいと思われるところはどんなところですか。

1

2

3

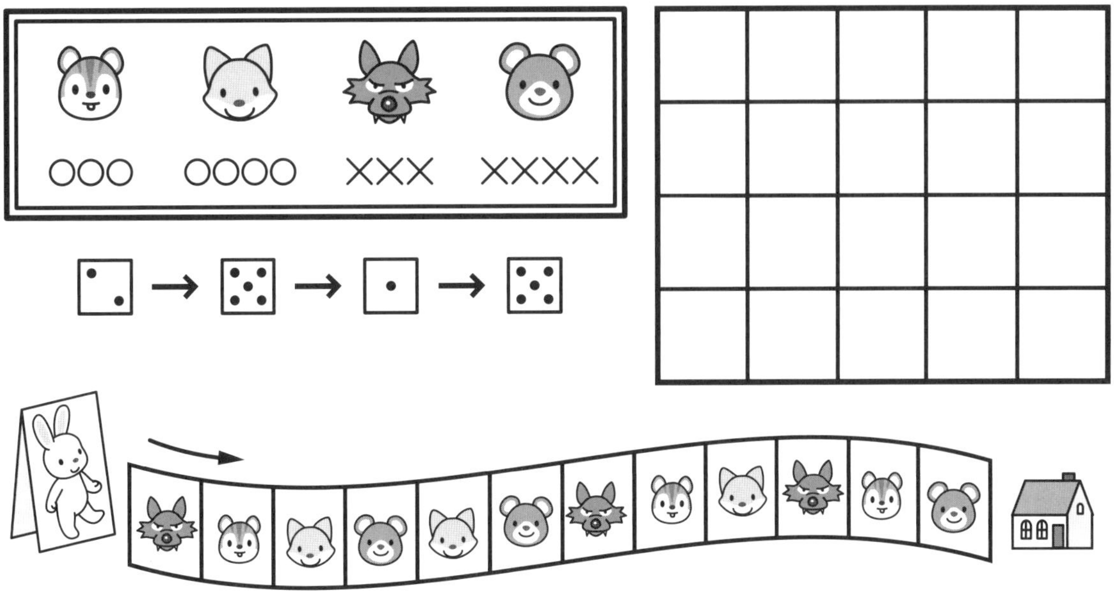

4

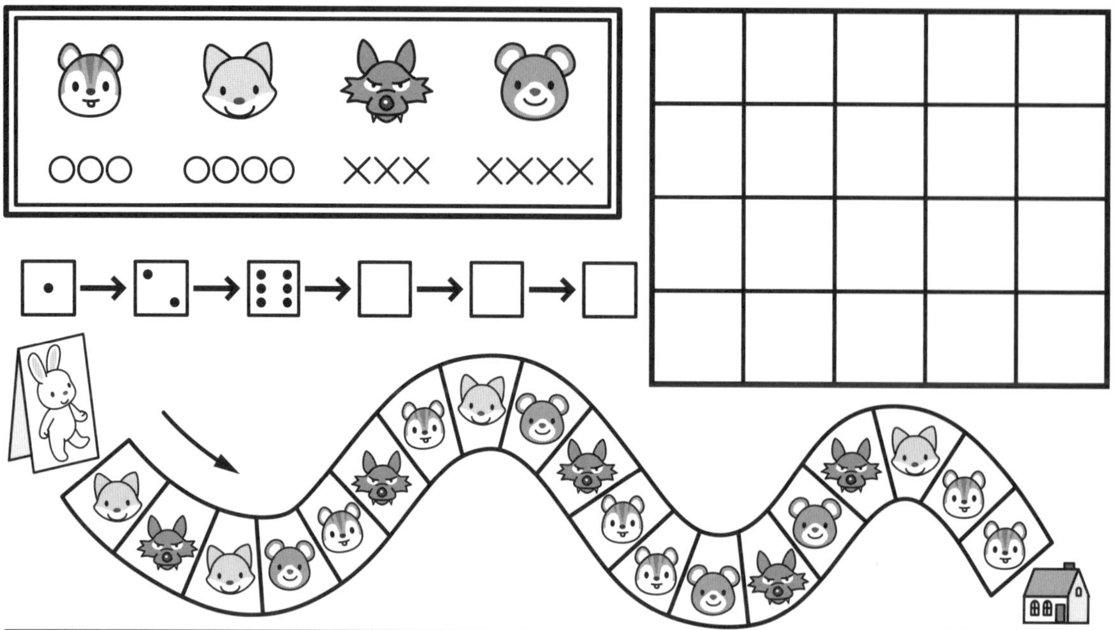

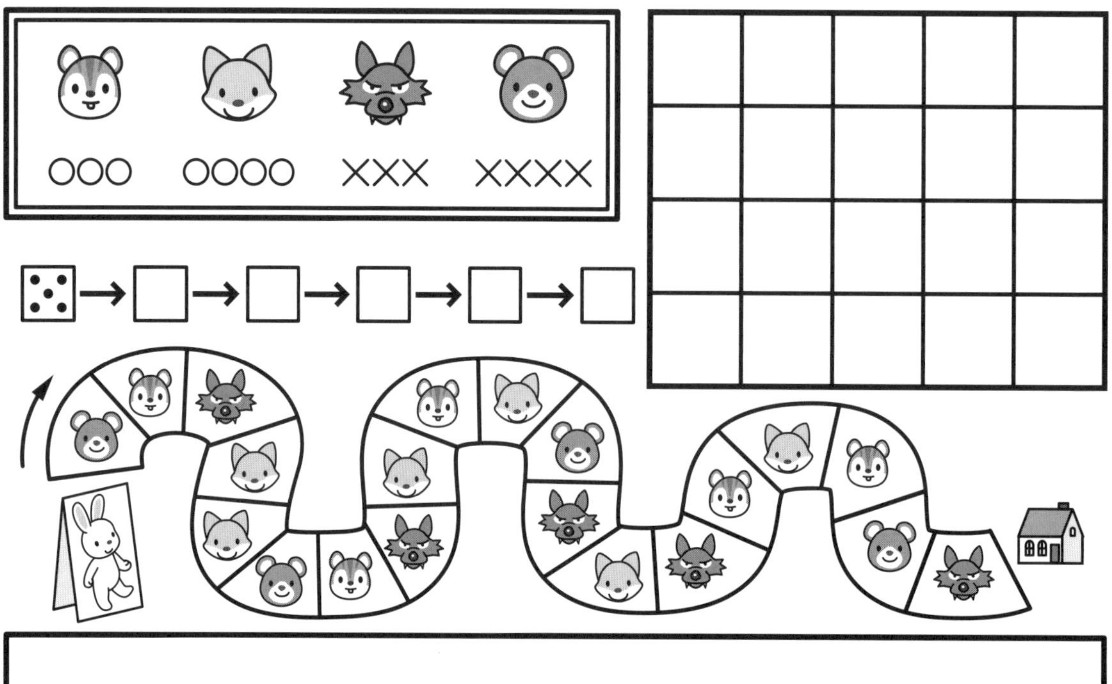

5

〈パズルのピース〉

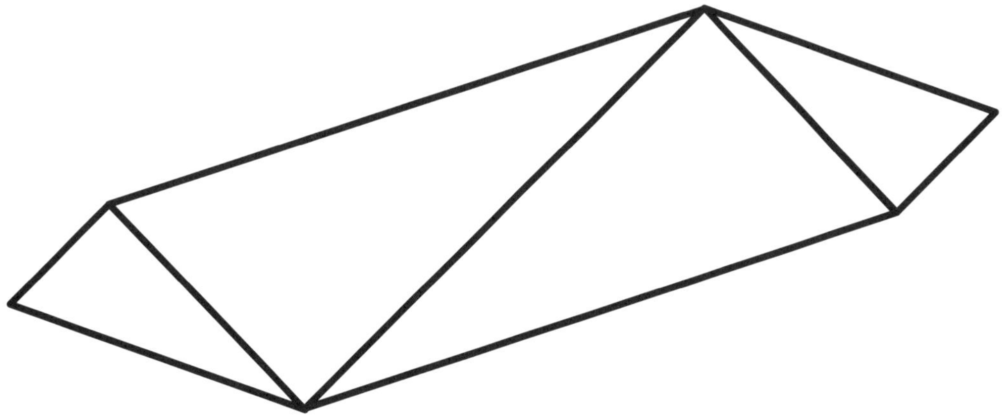

〈台紙〉

5

〈台紙〉

〈台紙〉

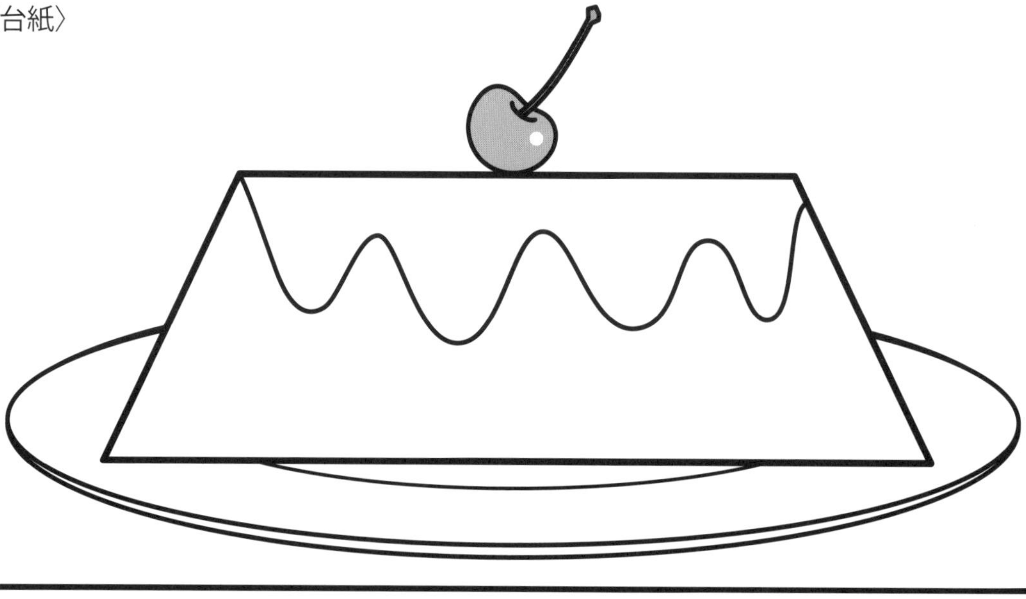

6

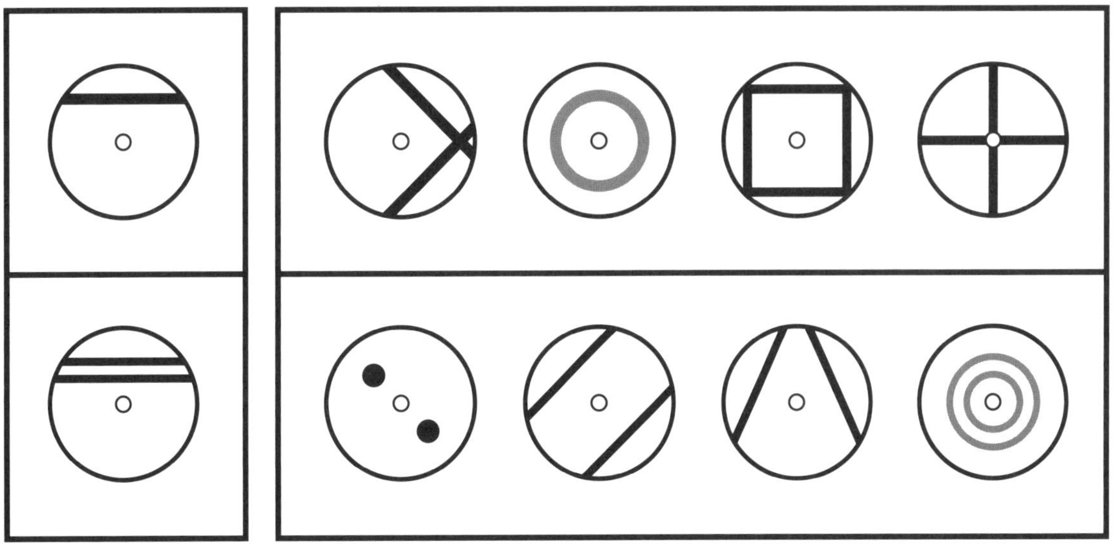

7

【お手本】

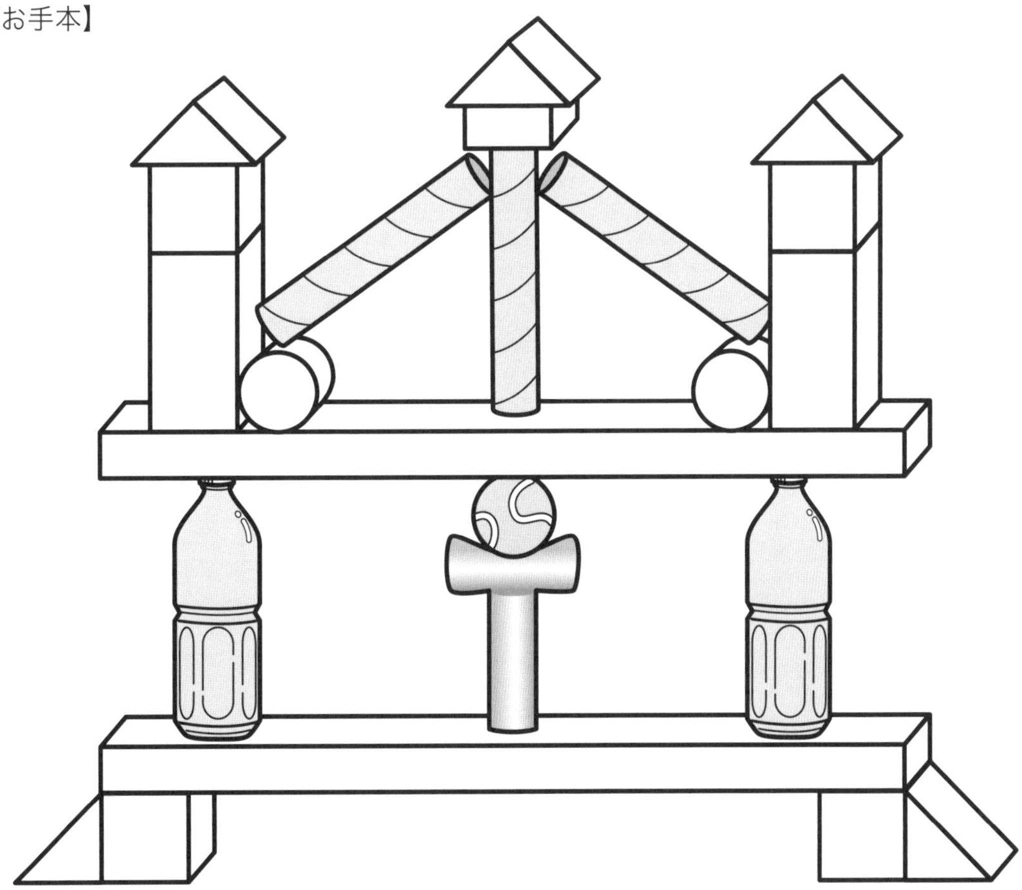

Next challenge

国立学園小学校
入試シミュレーション

国立学園小学校入試シミュレーション

1 話の記憶

「たろう君が通っている幼稚園では遠足で水族館に行くことになりました。たろう君は以前、家族で沖縄に旅行をしたとき、水族館に初めて行きました。そのときに見た、エイという大きな平たい体をした魚が、水槽の中をゆっくり泳いでいたことを今でも忘れることができません。ですから幼稚園の遠足がとても楽しみです。いよいよ遠足の日がやって来ました。たろう君は半ズボンと半袖シャツを着て眼鏡をかけ、元気にバスに乗って水族館まで行きました。入口を入ると、見学する順番がわかるように矢印がかいてありました。初めに水槽の中をグルグル回りながら泳いでいる大きな魚を見ました。『すごく大きいね』。たろう君が驚いていると魚博士のじろう君が『これはマグロだよ。ずっと泳いでいて、止まって休むことがないんだ』と教えてくれました。次の水槽をのぞくと何も泳いでいません。でも底を注意して見ると、砂の色と同じような体の色をした平たい体の魚がいました。ヒラメという名前で、両目が体の片側についています。次の水槽も何も泳いでいないように見えました。でも岩にくっついたきれいな花のような生き物がいました。イソギンチャクです。『とてもきれいな色をしているけれど、小さな毒針を出して魚の体をしびれさせるのよ』とイソギンチャクと同じ色のリボンを頭につけたななみちゃんが教えてくれました。水族館には、魚だけでなく鳥もいました。ペンギンです。おやつの時間だったらしく、飼育員のお姉さんが投げる小魚を上手にくちばしでキャッチして、あっという間に食べてしまいました。見学が終わり、帰りのバスの中でたろう君は今日見たり聞いたりした生き物のことを、図鑑でもう一度調べてみようと思いました」

- 上の段です。お話に出てきたたろう君はどの子ですか。たろう君に○をつけましょう。ななみちゃんはどの子ですか。ななみちゃんに△をつけましょう。
- 真ん中の段です。じろう君はどんな生き物のことを教えてくれましたか。その生き物に○をつけましょう。ななみちゃんはどんな生き物のことを教えてくれましたか。その生き物に△をつけましょう。
- 下の段です。どの順番で水族館の生き物を見ましたか。最初に見たものには○が１つ、２番目に見たものには○が２つという順番になるように、絵の下の四角に○をかきましょう。

2 数量（すごろく）

- 左上の形を折り、組み立ててサイコロを作りました。動物たちができたサイコロを使ってすごろくゲームをします。お花印は４つ進み、つぼみ印は３つ進み、双葉印は２つ進み、種印は２つ戻るというお約束です。ブタとクマは、リンゴからスタートをして右に描かれているサイコロの通りに進みました。それぞれどこまで進んだか、ブタが進んだところには○、クマが進んだところには△をかきましょう。

・ウサギとゾウとサルも同じお約束ですごろくゲームをしました。ただし、サイコロの下の面にかかれた印に合わせて進みました。メロンからスタートしたとき、それぞれどこまで進んだか、ウサギが進んだところには□、ゾウが進んだところには◎、サルが進んだところには♢をかきましょう。

3 数量（すごろく）

左上の汽車が山の上から季節の線路を通って右下の海岸まで行きます。すぐ上のサイコロの目の順に進み、チューリップの季節に止まったらおはじきを１個、ヒマワリは２個、ススキは３個もらえますが、雪ダルマの季節に止まると１個返さなければいけません。

・初めは、サイコロの目が４ですから４つ進み、ススキに止まりました。今、おはじきは何個ですか。ススキの矢印の四角におはじきの数だけ○をかきましょう。

・では、次にまた４が出たのでチューリップ、その次は１が出たのでヒマワリに止まりました。今、おはじきは何個になりましたか。ヒマワリの矢印の四角におはじきの数だけ○をかきましょう。

・次は３が出たのでクエスチョンマークで止まり、おはじきは全部で９個になりました。では、クエスチョンマークのマス目はどの季節ですか。矢印の四角の４つの絵から選んで○をつけましょう。

・次は２→１→５と進み、ヒマワリに止まりました。おはじきは全部で何個になりましたか。最後の矢印の四角におはじきの数だけ○をかきましょう。

4 推理・思考（対称図形）

・左端のお手本のように折り紙を折り、黒い部分をはさみで切って開くと、どのような形になりますか。右から正しいものを選んで、それぞれ○をつけましょう。

5 推理・思考（重ね図形）

・リンゴのところです。透き通った板にかかれた左端の２枚の絵をそのままずらし、ピッタリ重ねたときの絵を右から選んで○をつけましょう。

・ブドウのところです。透き通った紙にかかれた左端の絵を、矢印の方向に点線で折り重ねたときの絵を右から選んで○をつけましょう。

6 言　語

・上の２つです。名前の２番目の音が、小さい四角の中のものと同じものに、それぞれ○をつけましょう。

・下の２段です。四角の中のものをしりとりでつなげたとき、１つだけつながらないものに、それぞれ○をつけましょう。

7 構　成

・上のいろいろな形のカードを下のマス目に合うように置きます。まずバツのカードと四角のカードを置くと印がこのようにつきます。では残りのカードを置いたとき、それぞれの印はどこにつきますか。お手本のようにマス目をなぞり、印をかきましょう。

8 構　成

・左端と右端の形を組み合わせるとどのような形ができますか。裏返しにしないで、合わせてできるものを選んで○をつけましょう。できる形は、１つとは限りません。

9 点図形

・左のお手本と同じように、右にかきましょう。

10 観察力（欠所補完）

・それぞれ白く空いているところに入るものに○をつけましょう。

11 推理・思考（対称図形）

・折り紙を半分に折り、黒いところをはさみで切って開くとどのような形になりますか。右の４つの中から選んで○をつけましょう。

12 観察力

・左上の太い四角に囲まれているおにぎり、ネコ、葉っぱ、自動車の並び方がお手本です。リンゴの印のところを見てください。お手本と同じように並んでいるところを見つけて、真ん中に大きく○をつけました。同じように下もやりましょう。

1

2

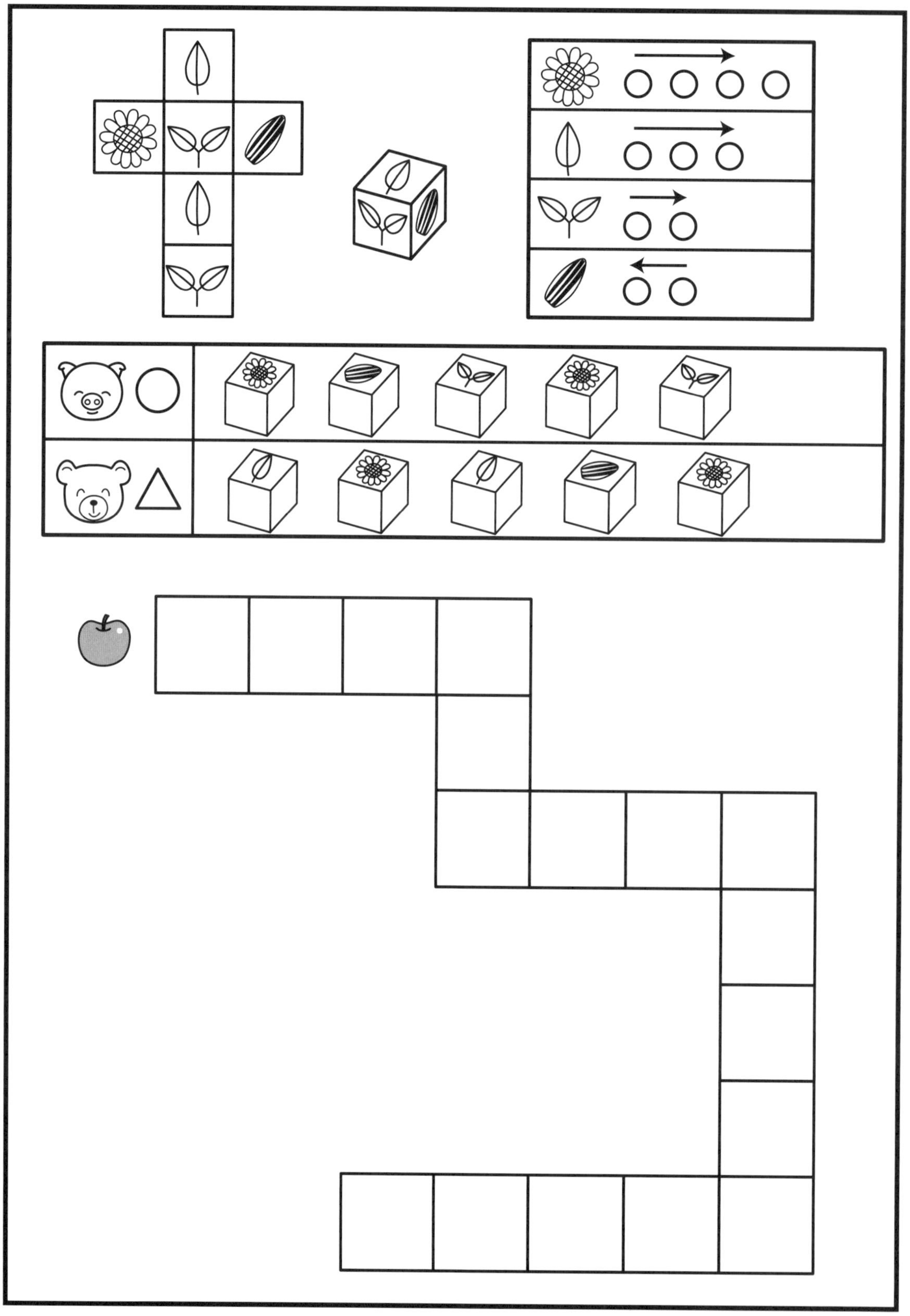

2

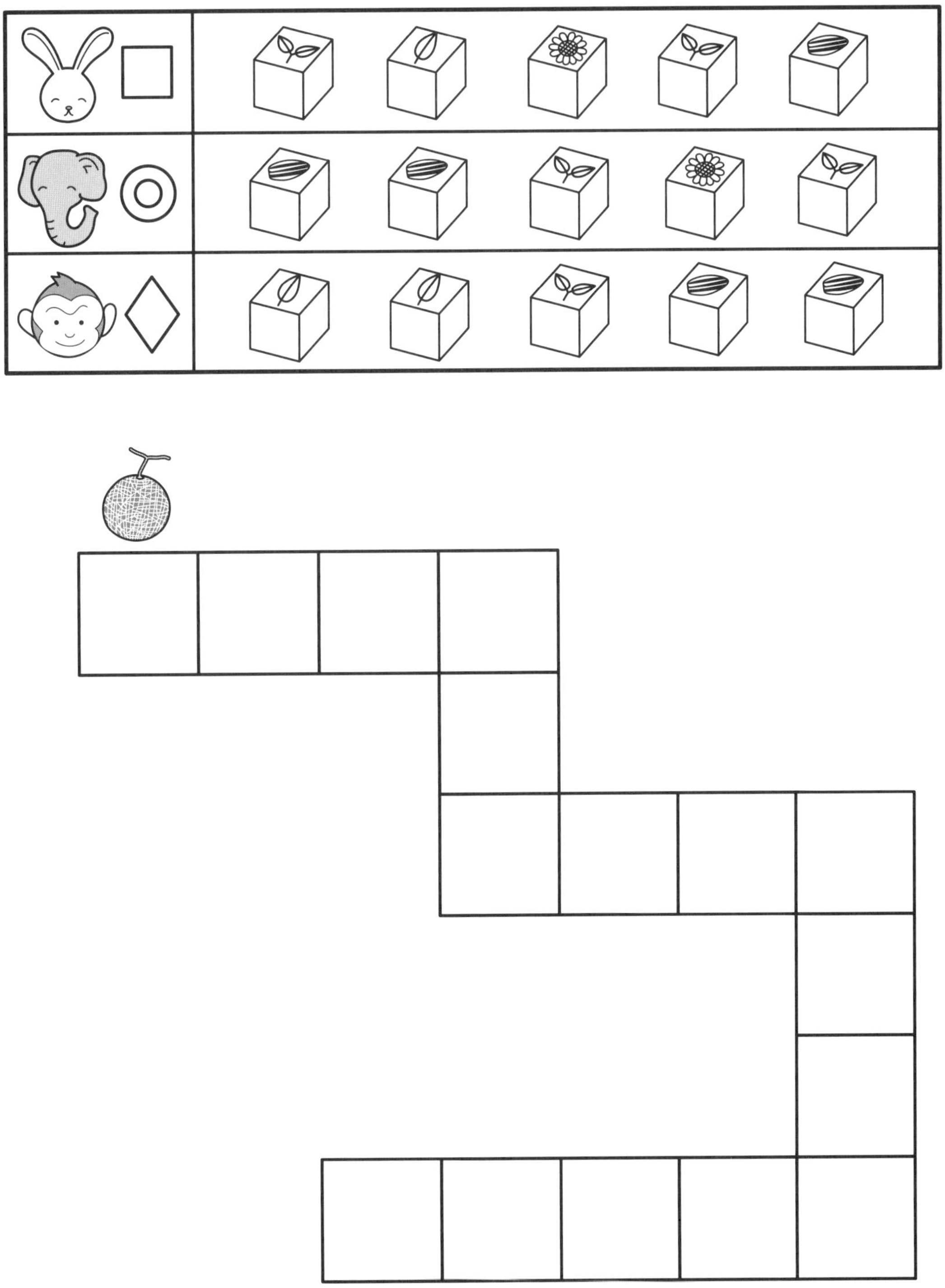

3

4

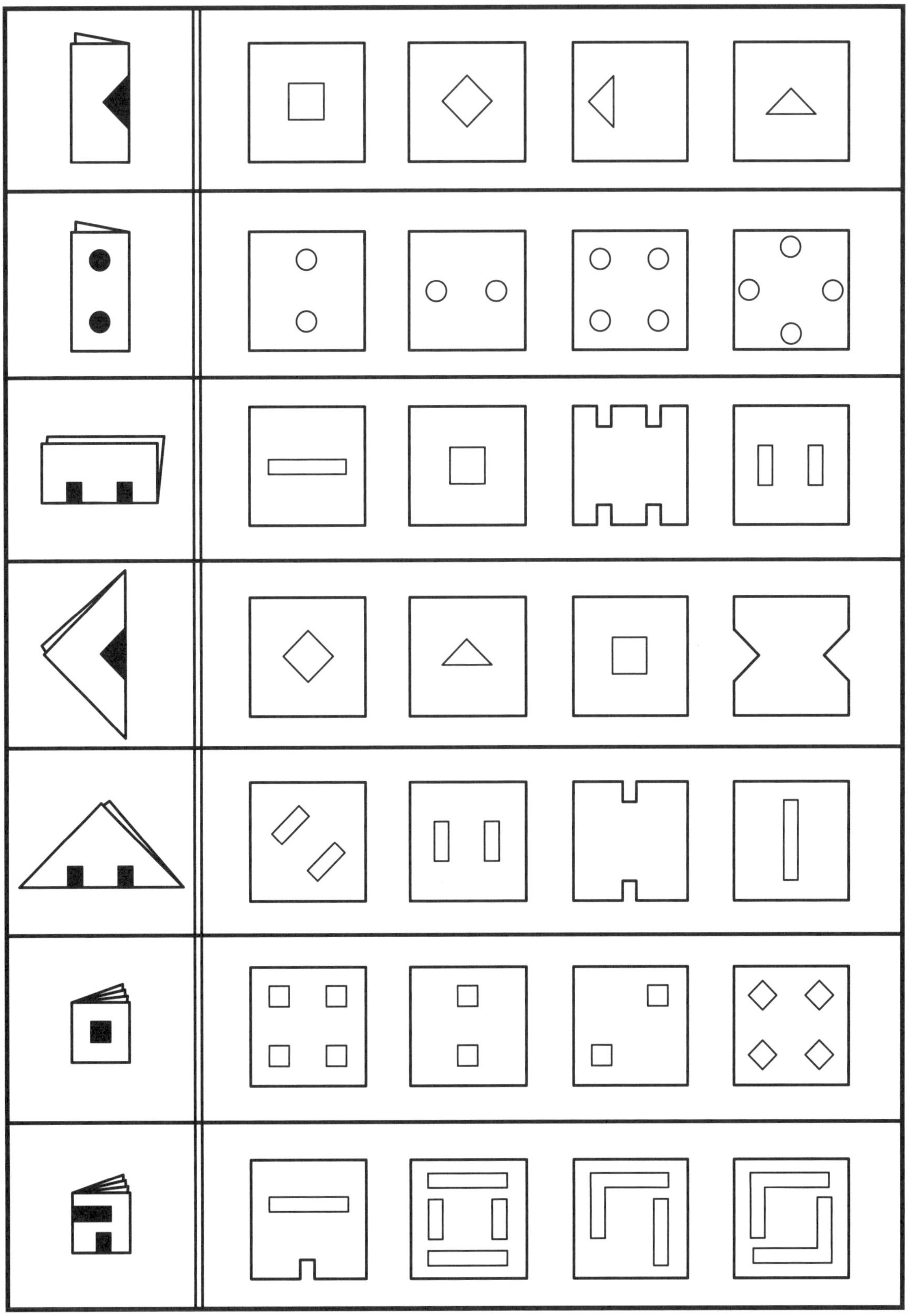

5

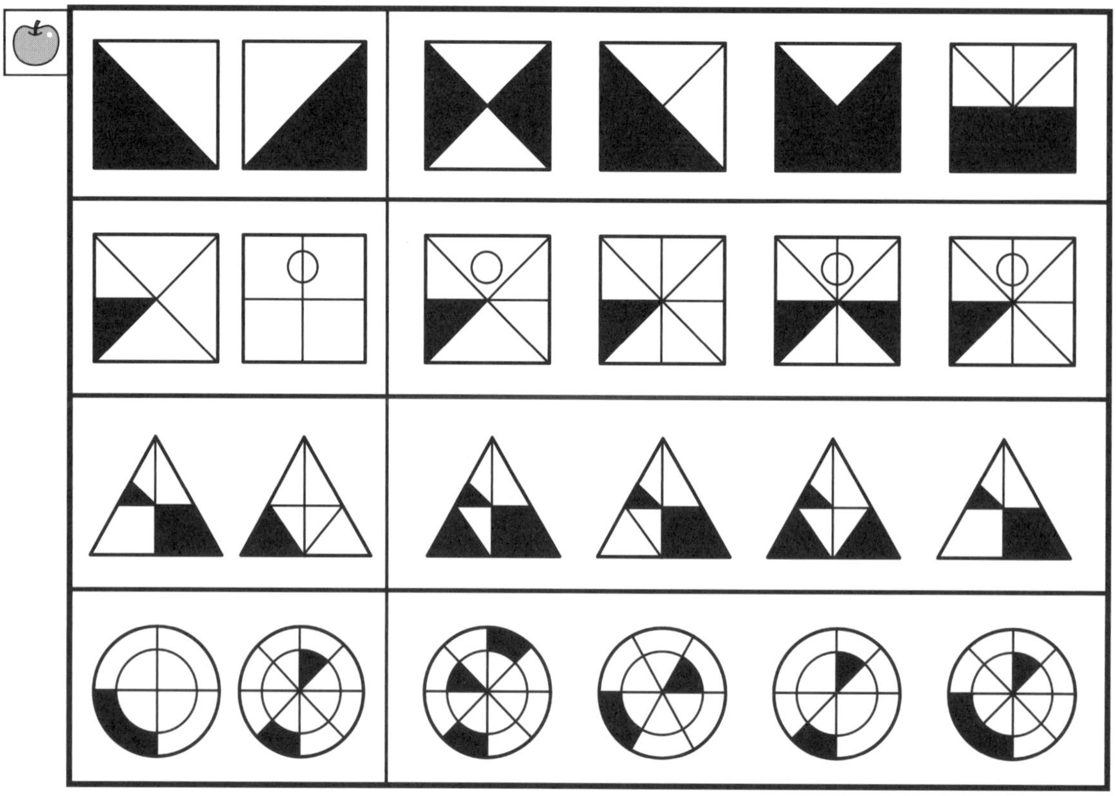

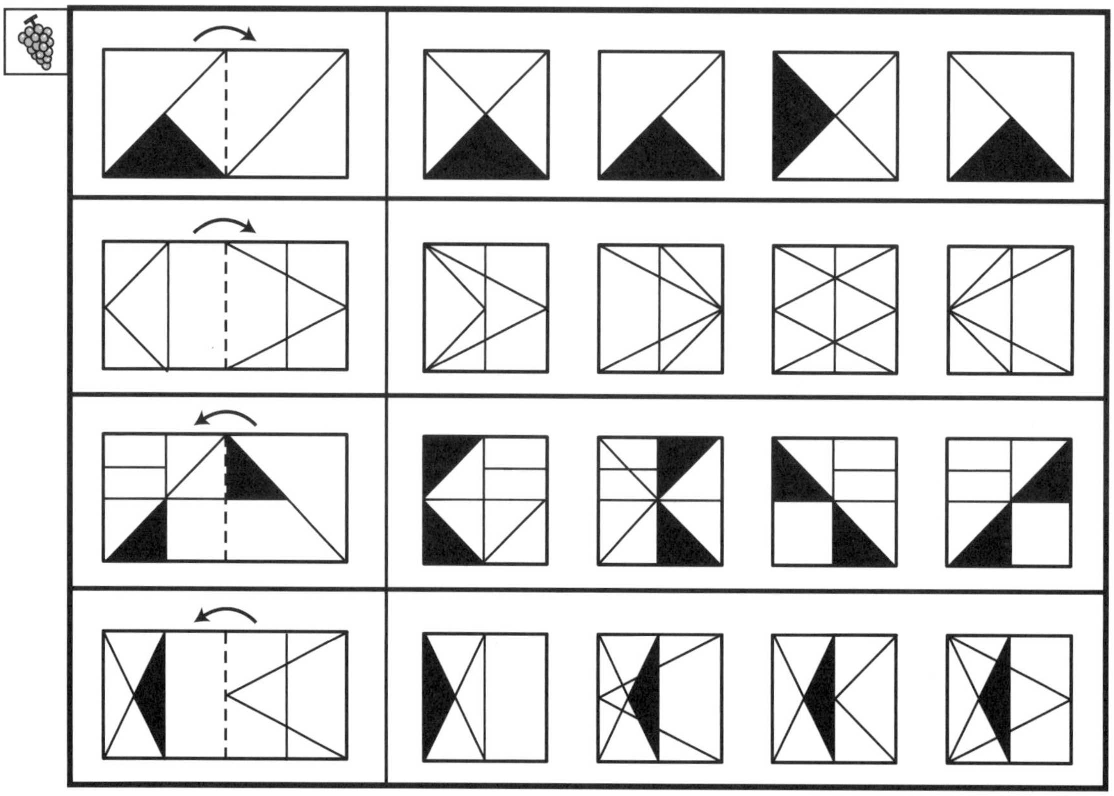

6

7

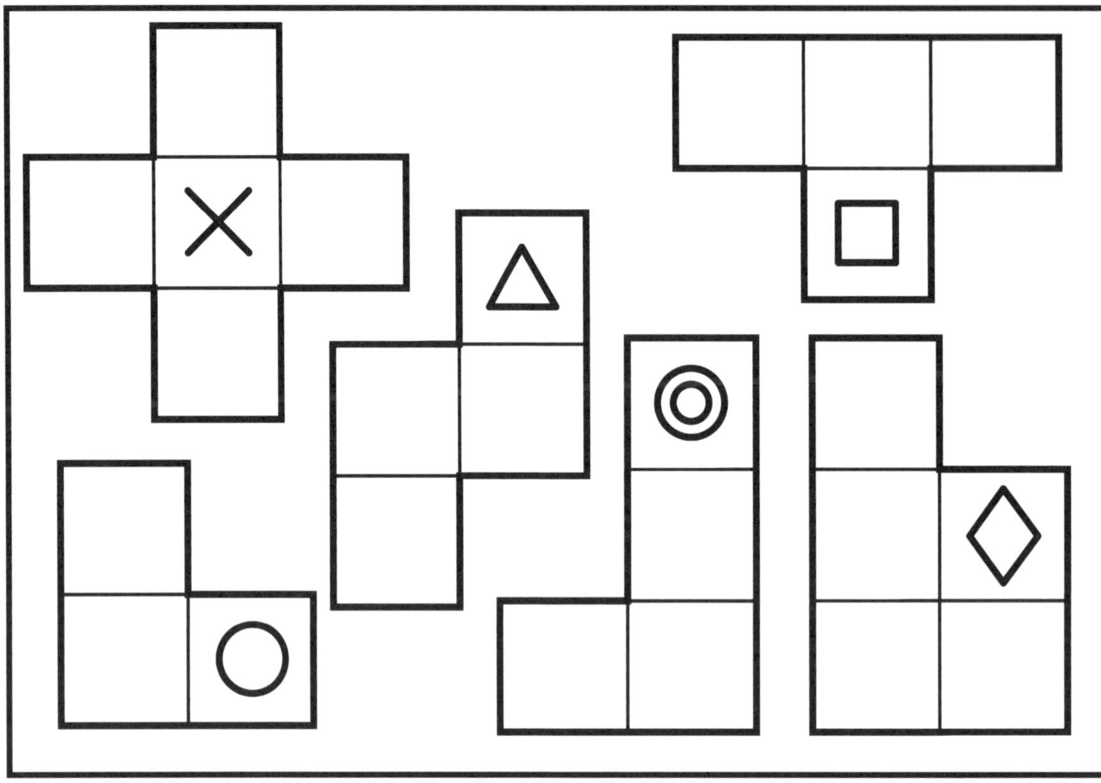

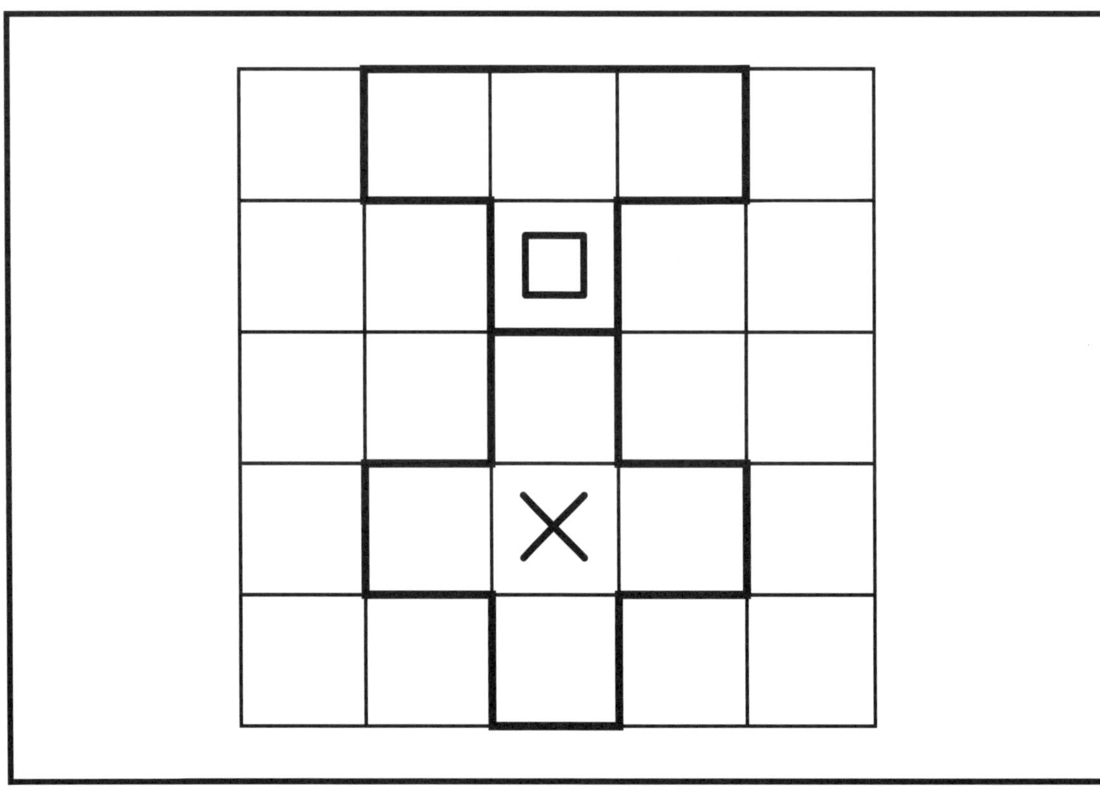

8

9

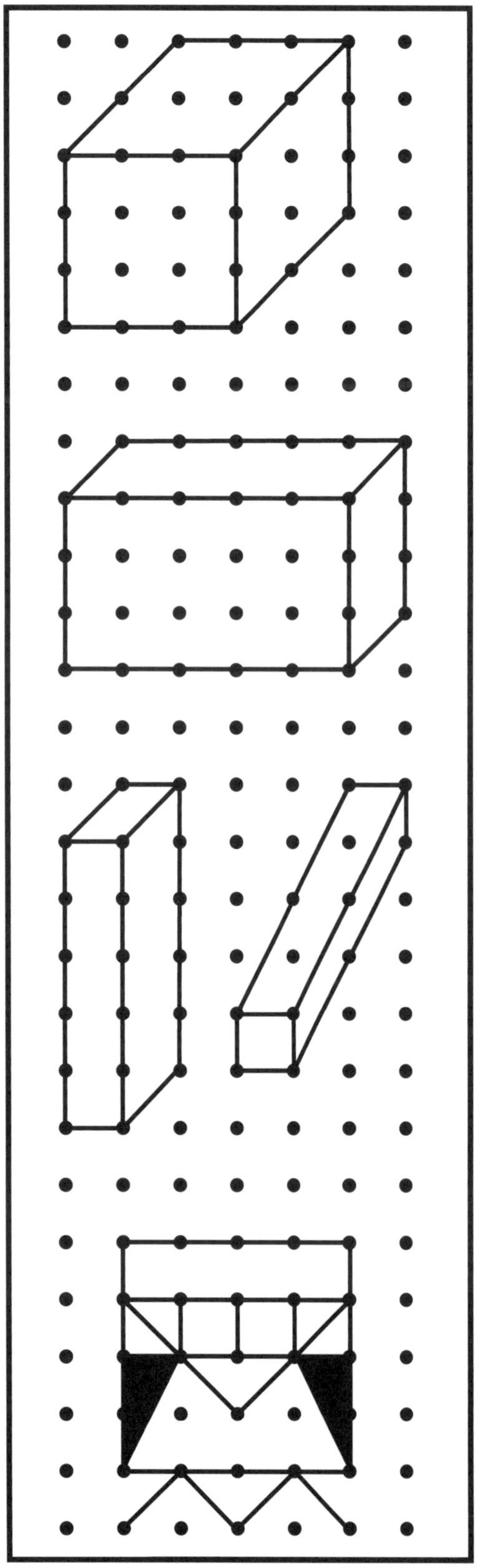

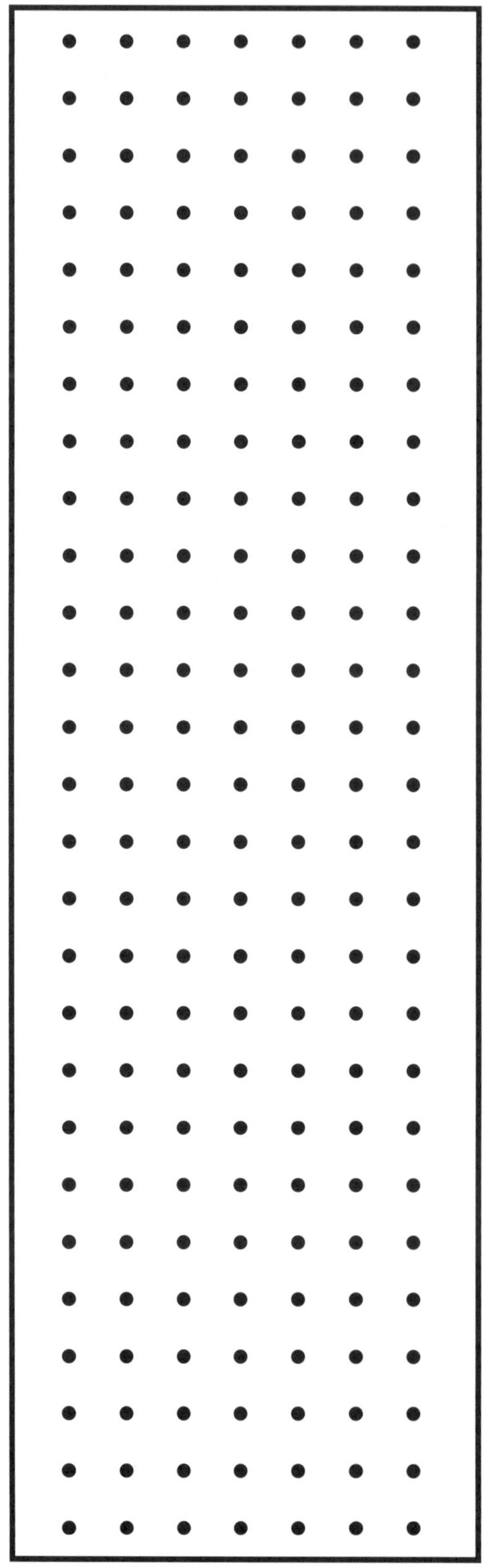

10

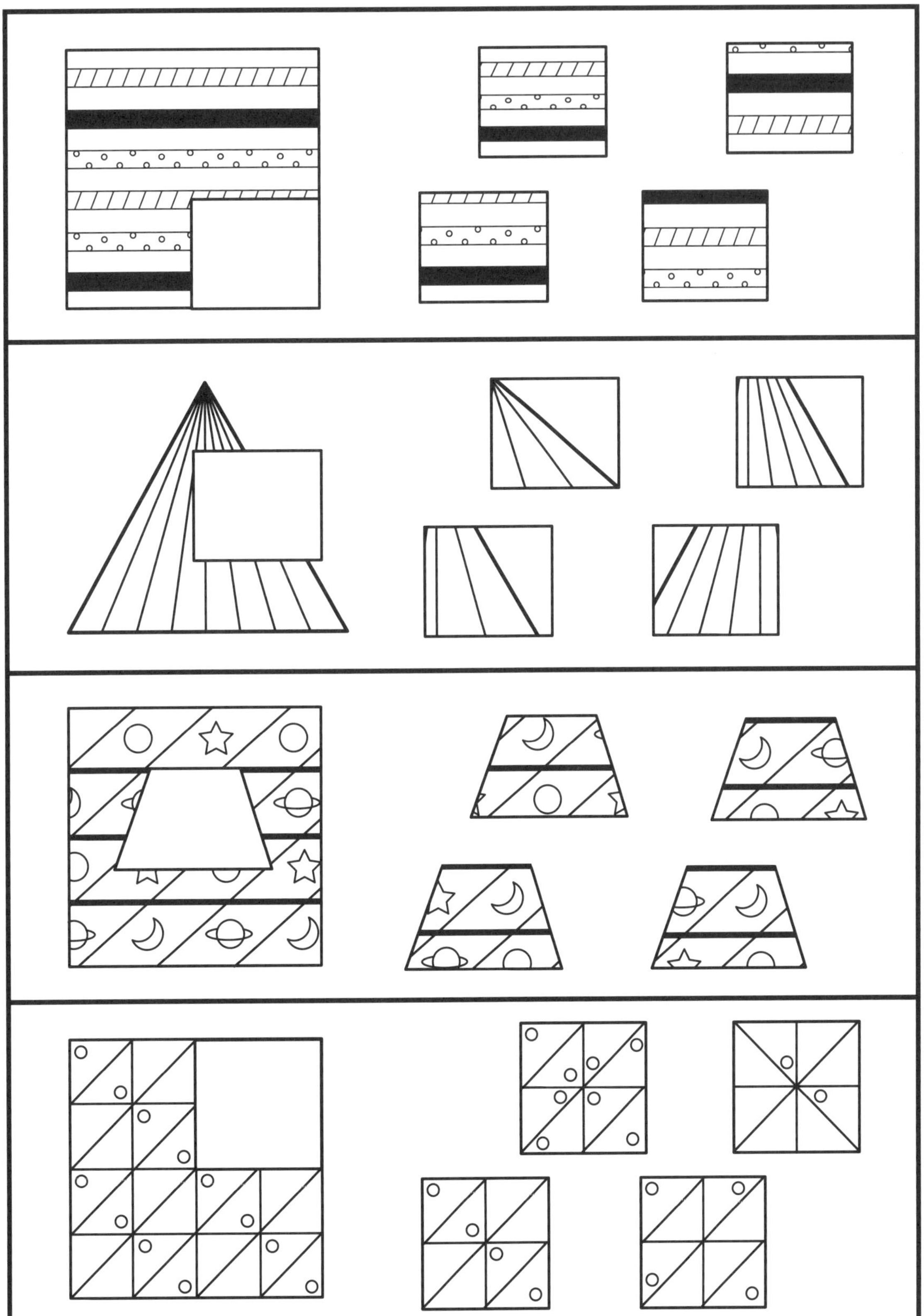

11

12

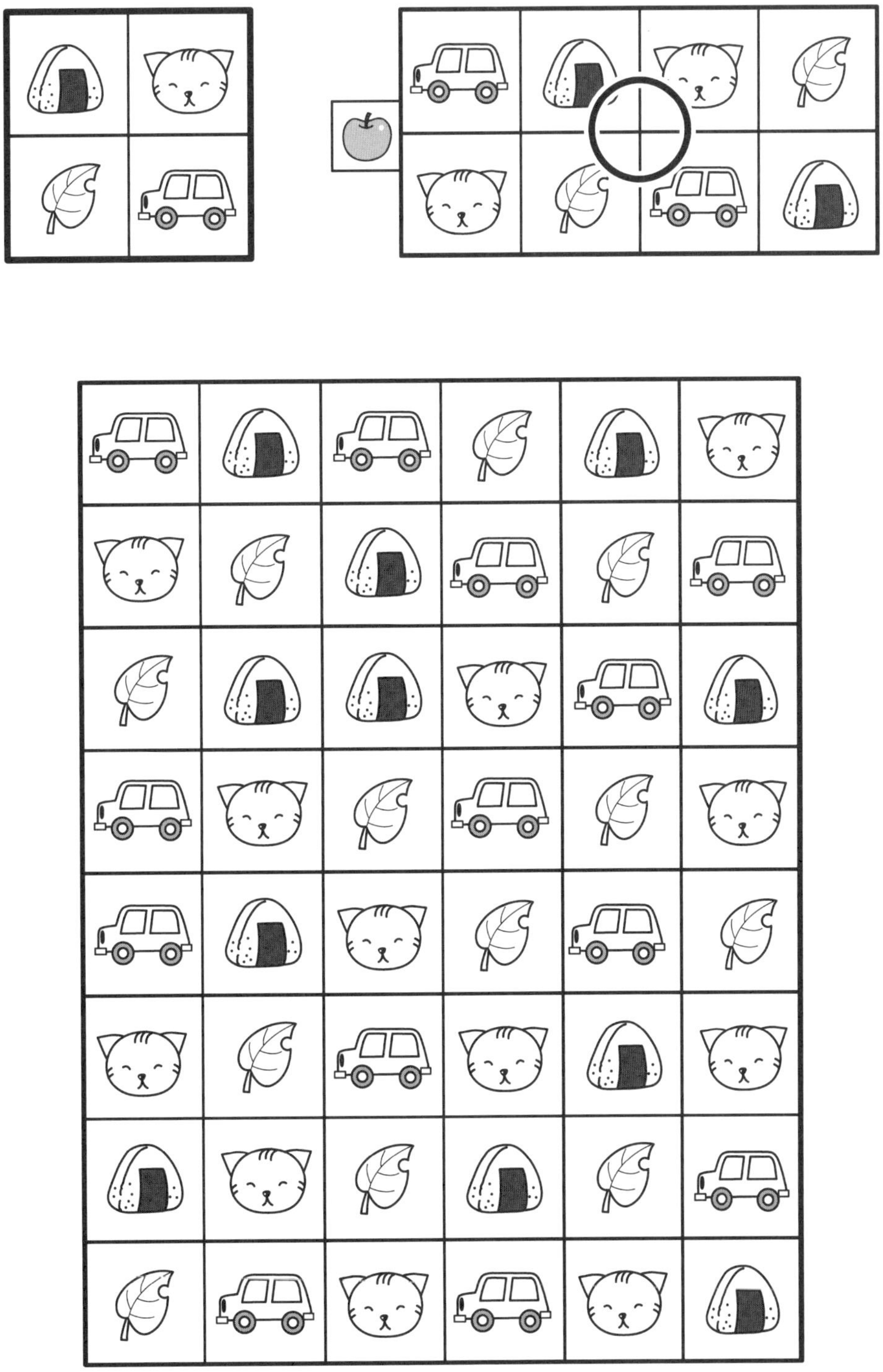

［過去問］　2024

国立学園小学校
入試問題集

解答例

＊ 解答例の注意

この解答例集では、ペーパーテスト、個別テスト、集団テストの中にある□数字がついた問題、入試シミュレーションの解答例を掲載しています。それ以外の問題の解答はすべて省略していますので、それぞれのご家庭でお考えください。（一部□数字がついた問題の解答例の省略もあります）

Shinga-kai

1

※1の2、3問目は解答省略

2

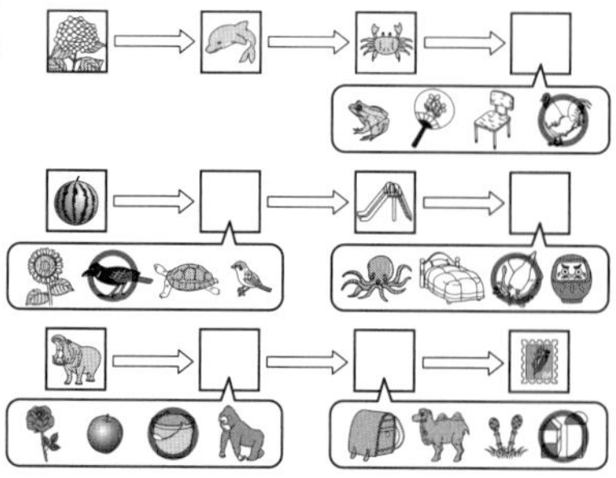

3－A

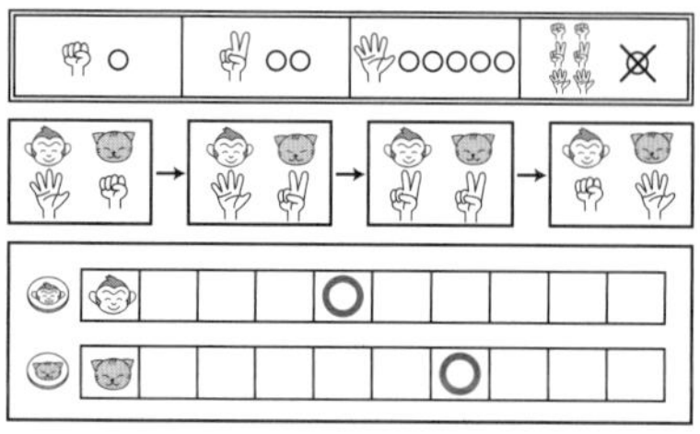

3－B

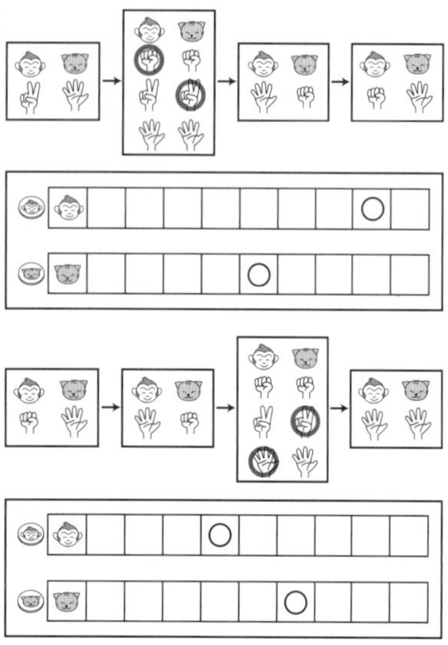

4

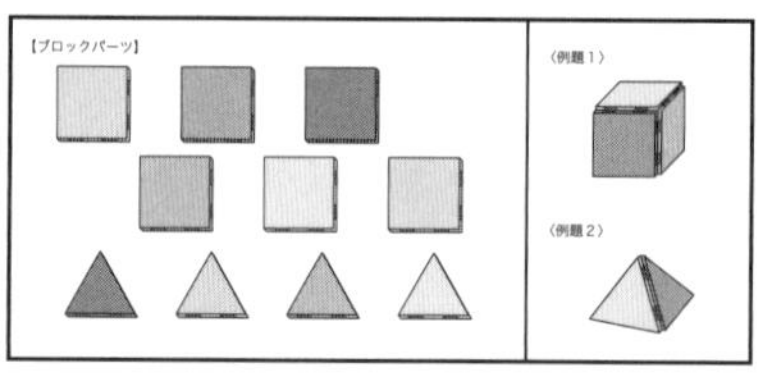

5

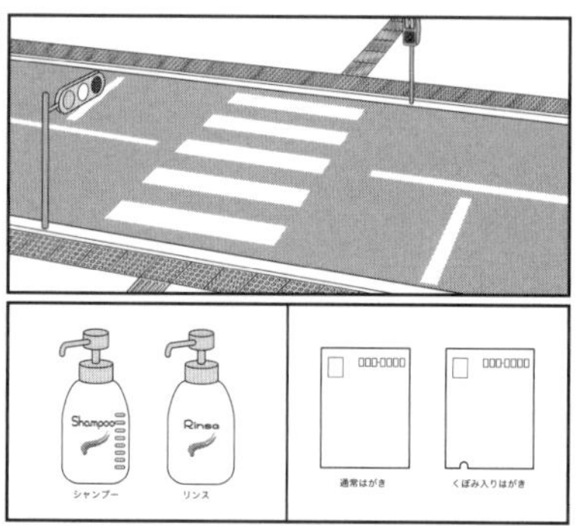

※4と5は解答省略

6

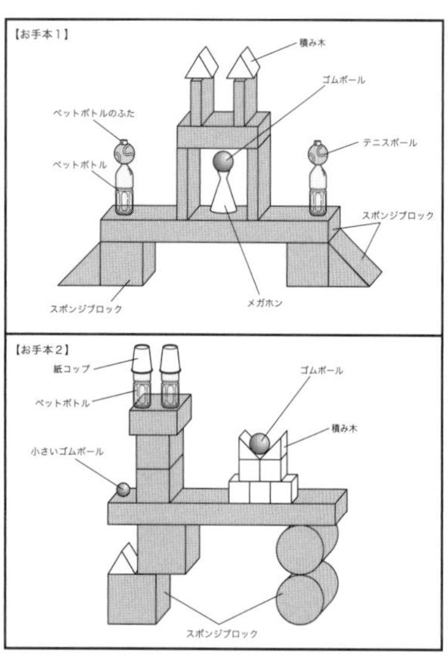

1

2

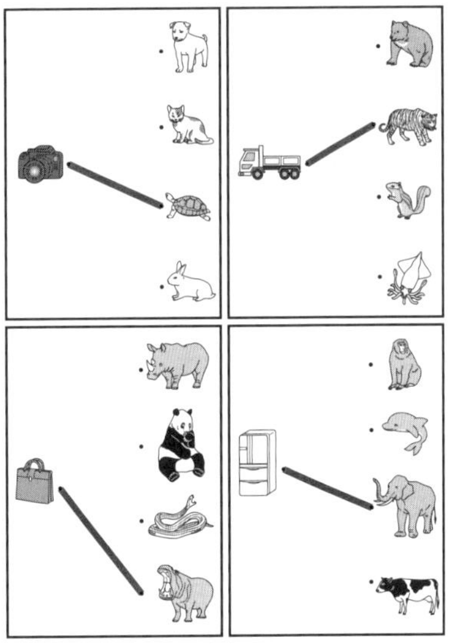

3

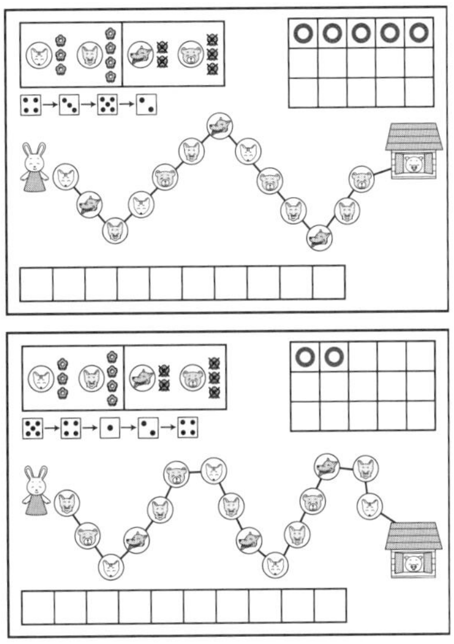

4

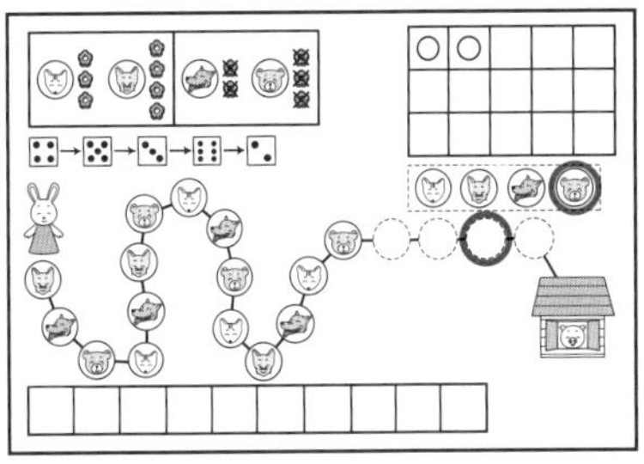

5

6

※6の２問目は複数回答あり

7

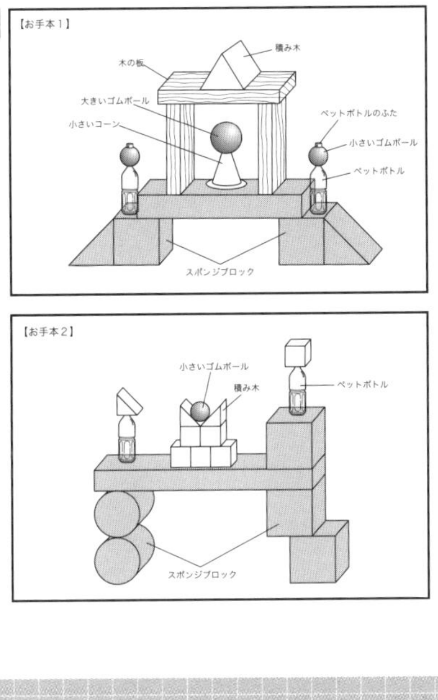

1

※1の1、2問目は解答省略

2

3

4

5

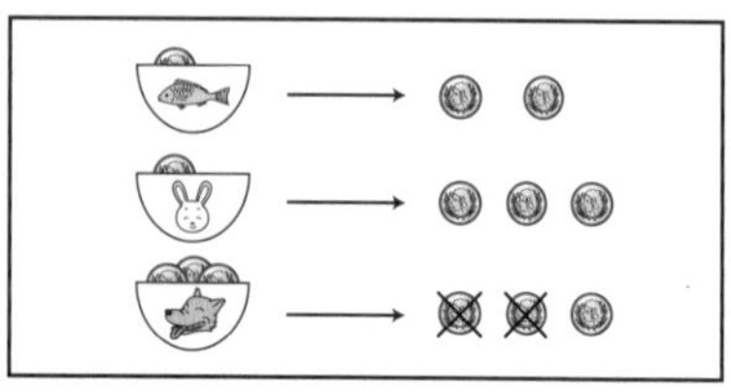

5

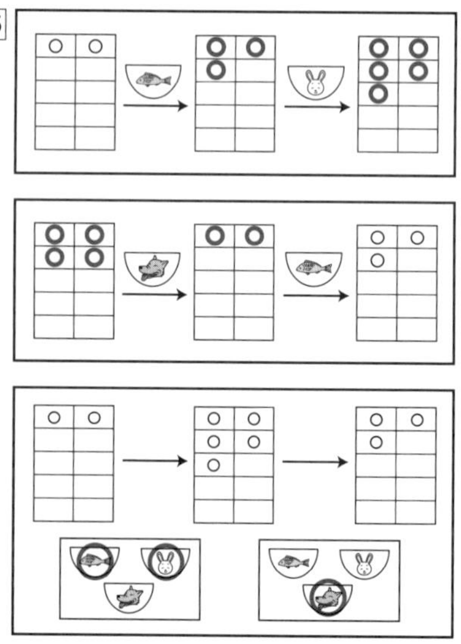

6

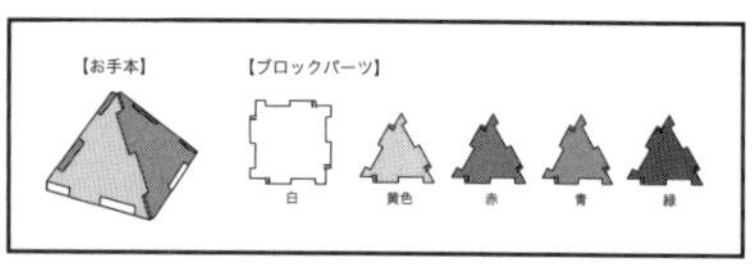

7

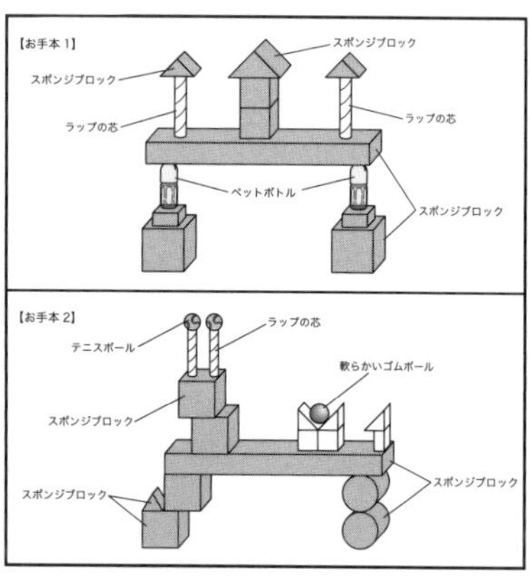

1

※1の1問目は解答省略

1

2

3

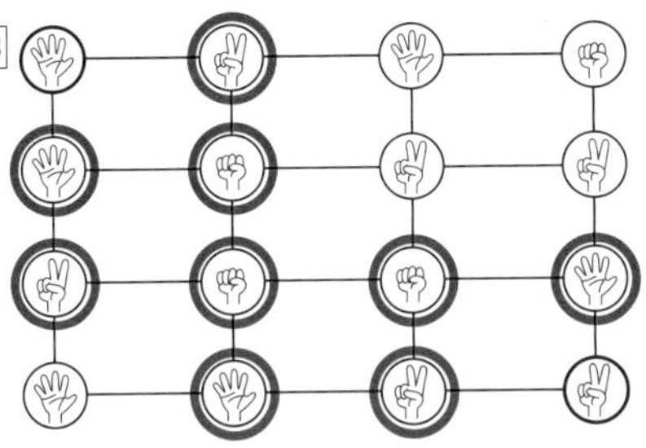

4

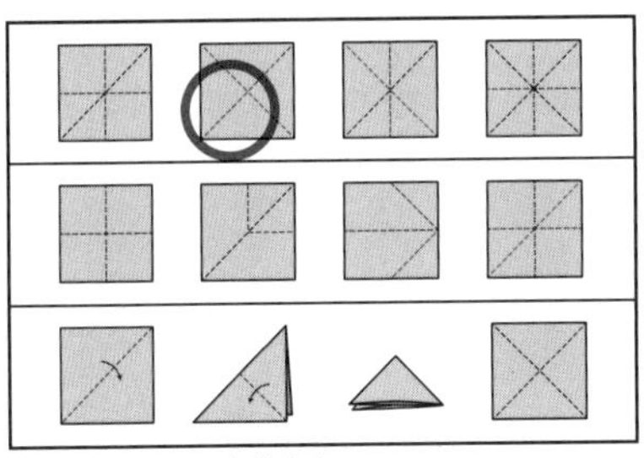

※4の2、3問目は解答省略

5

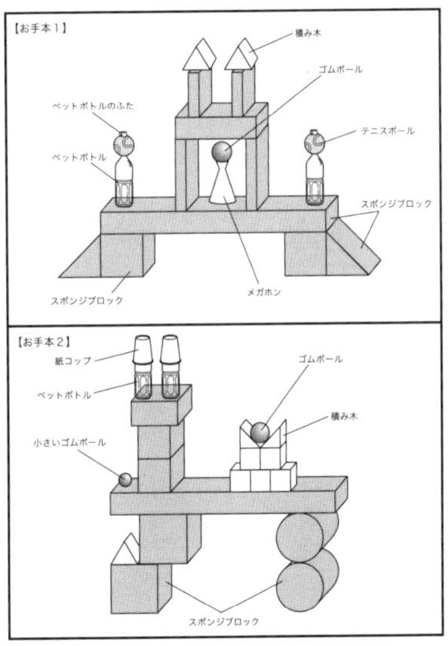

1

※1の１問目は解答省略

2

3

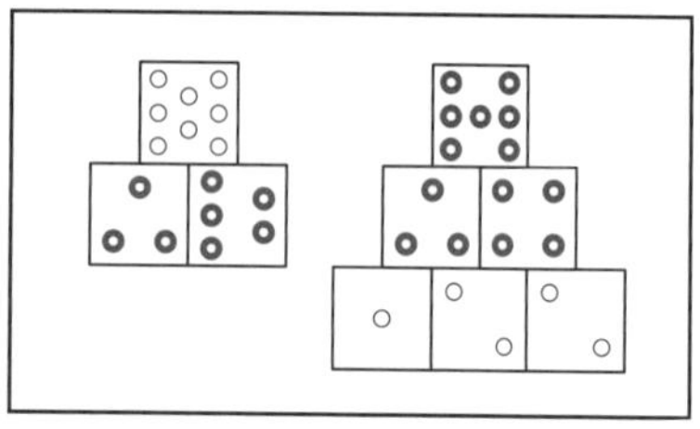

4

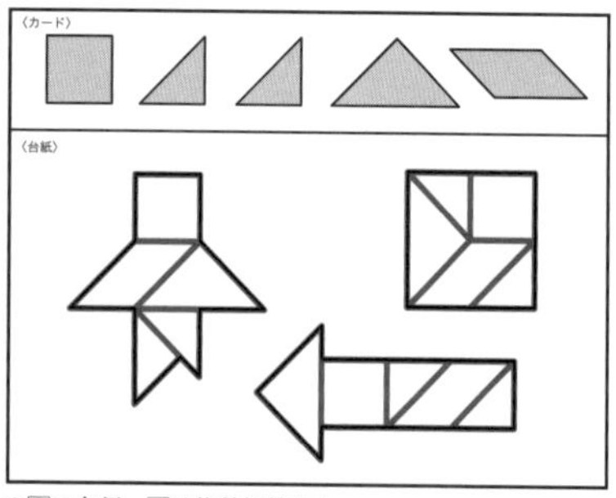

※3の左側、4は複数解答あり

5

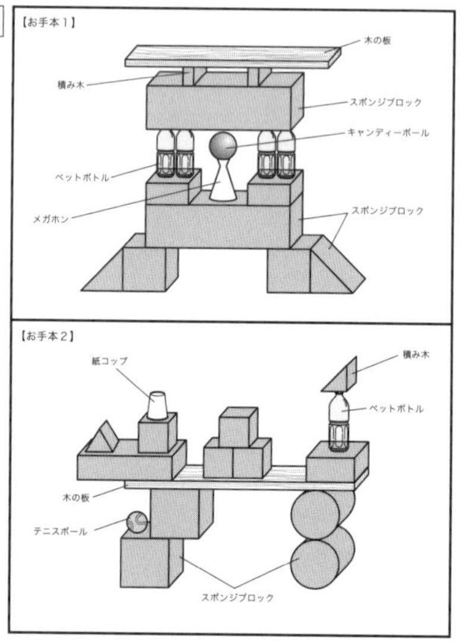

1

※1の2、3問目は解答省略

2

3

4

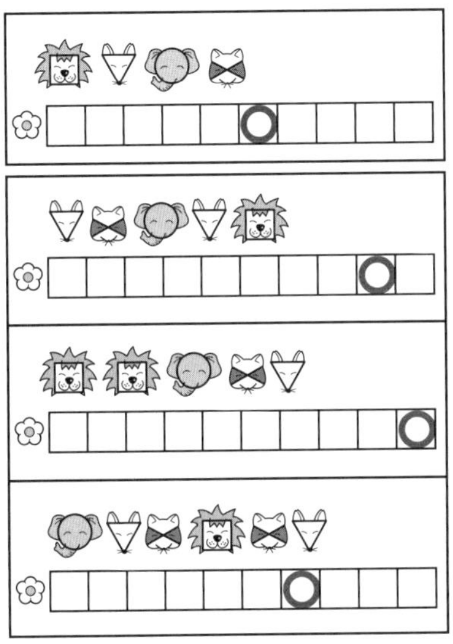

5—A

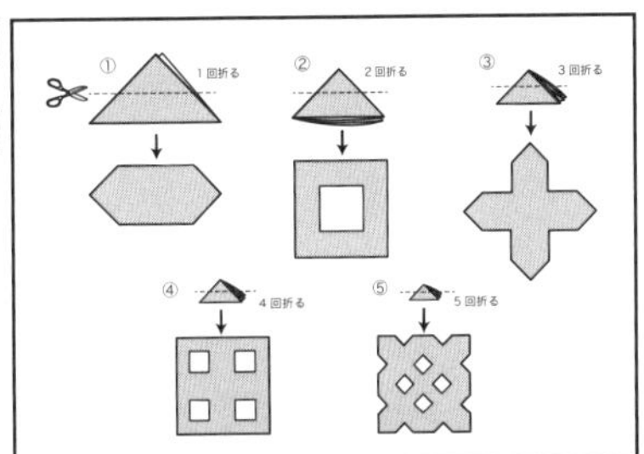

B

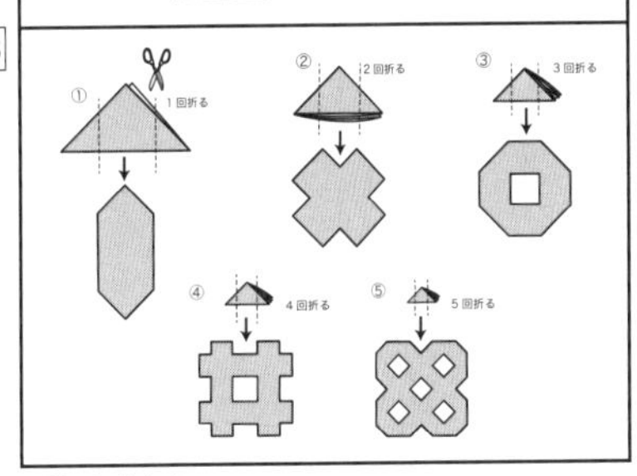

※5は解答省略

6

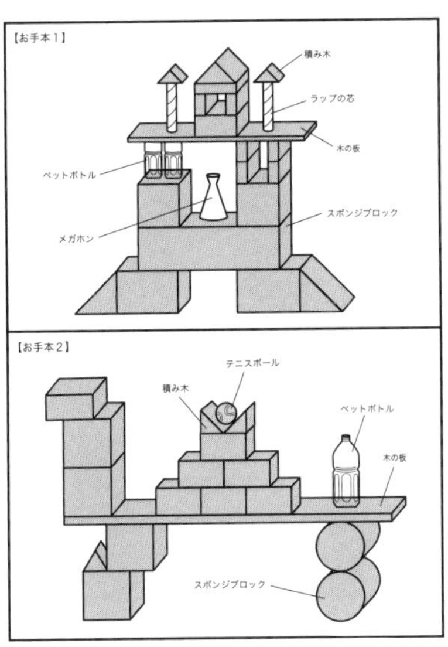

1－A

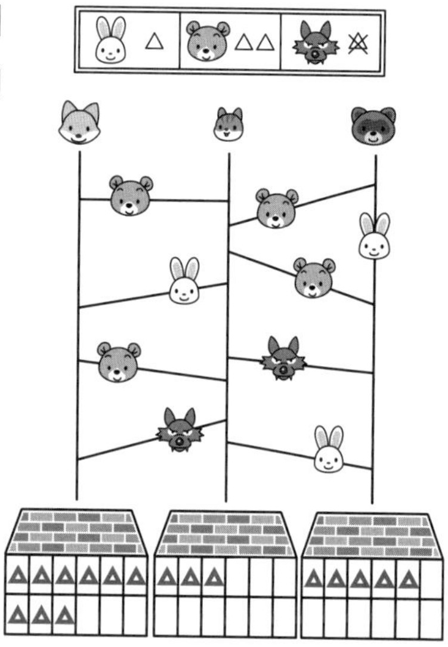

1－B

2

3

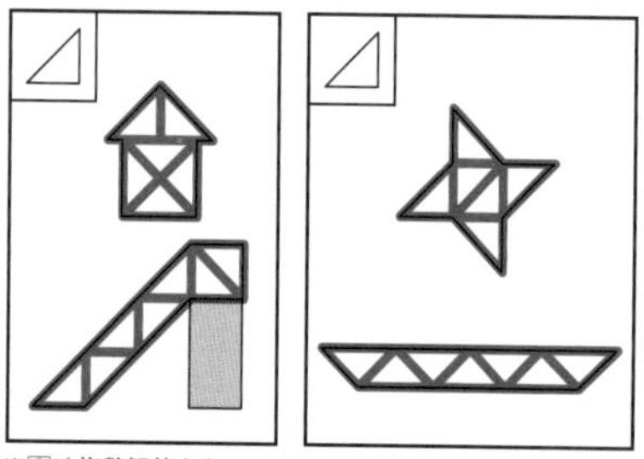

※3は複数解答あり

4

5

※4と5は解答省略

6

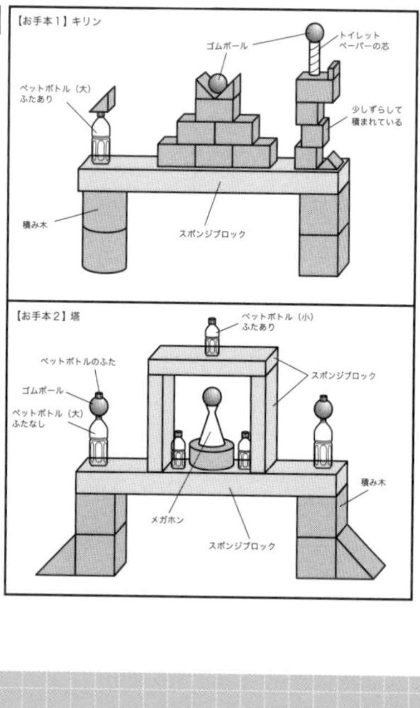

1

2
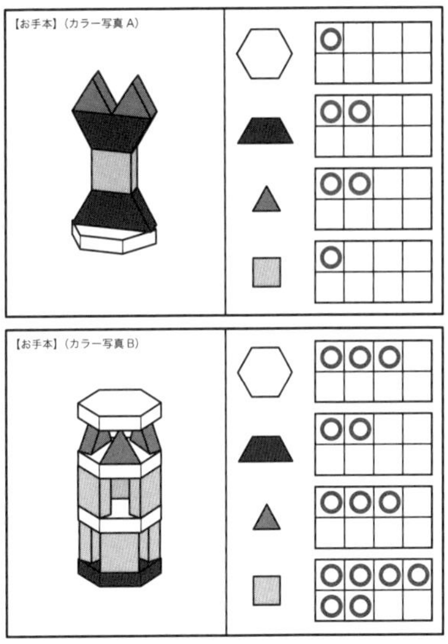

3
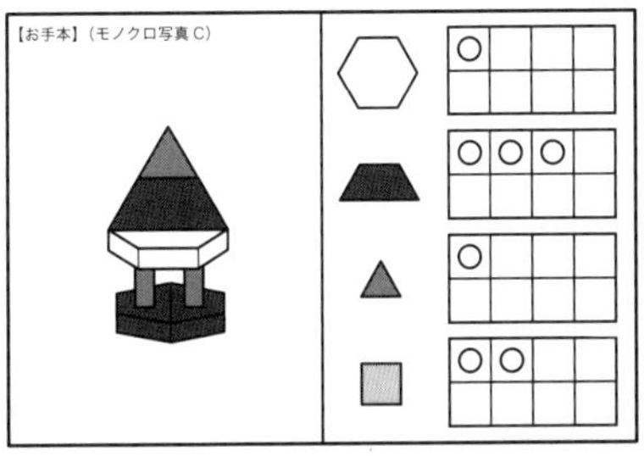

4

※4は解答省略

5
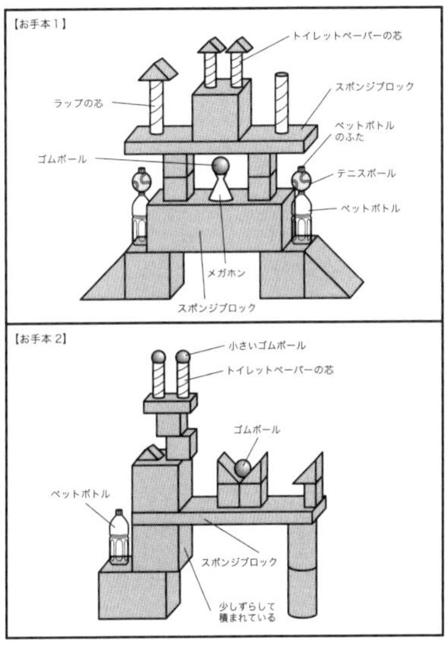

1

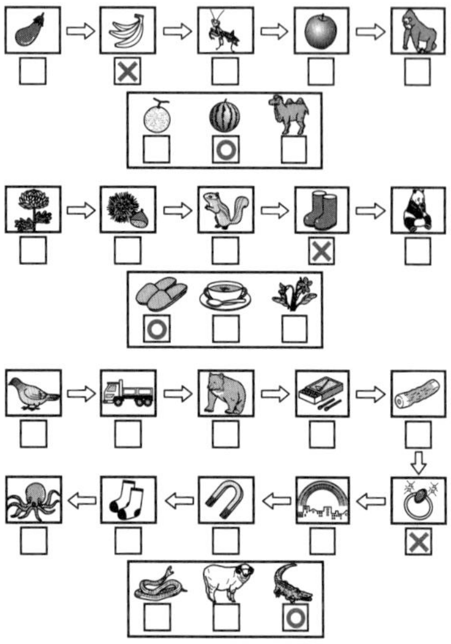

2

3

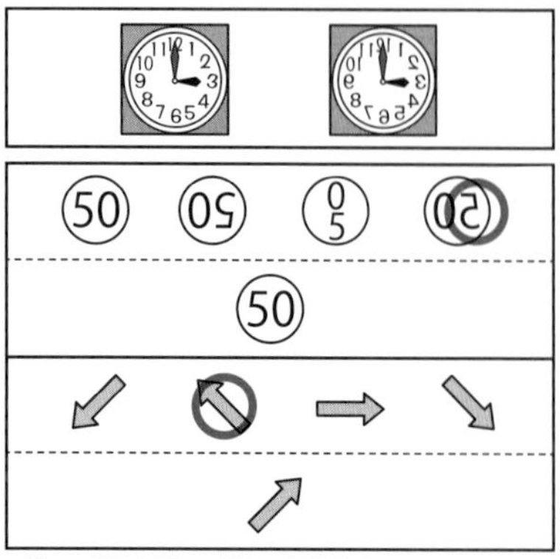

※2の3問目と3の1問目は解答省略

4

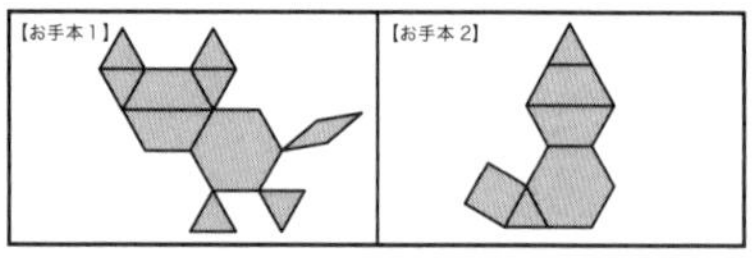

5

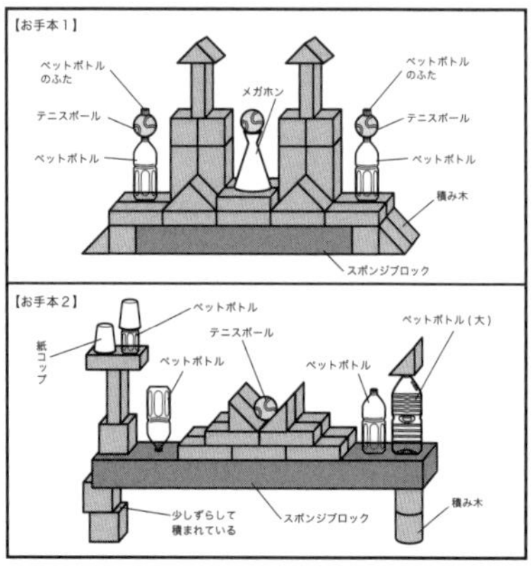

1

2

3

4

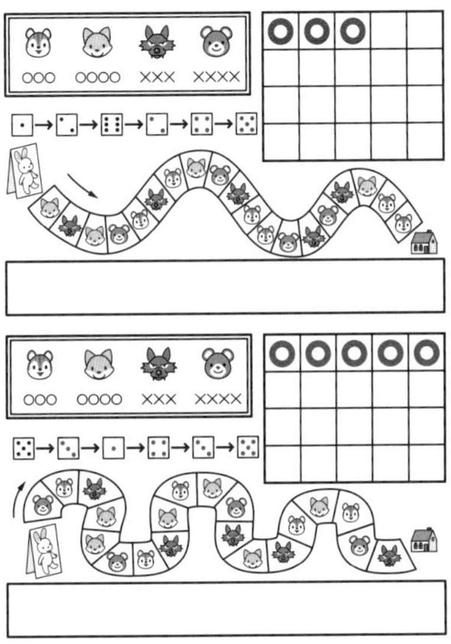

※4は複数解答あり

5

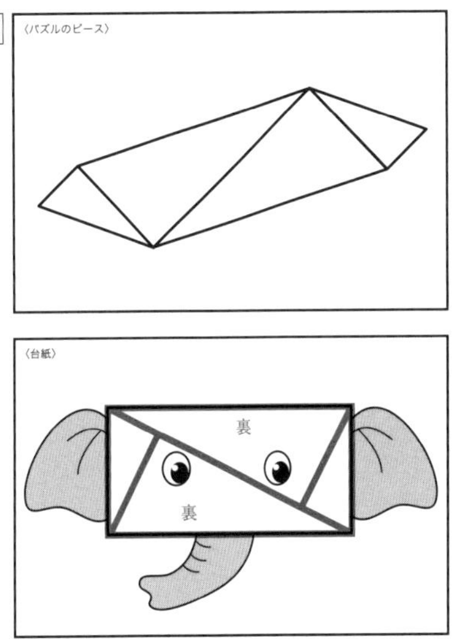

5

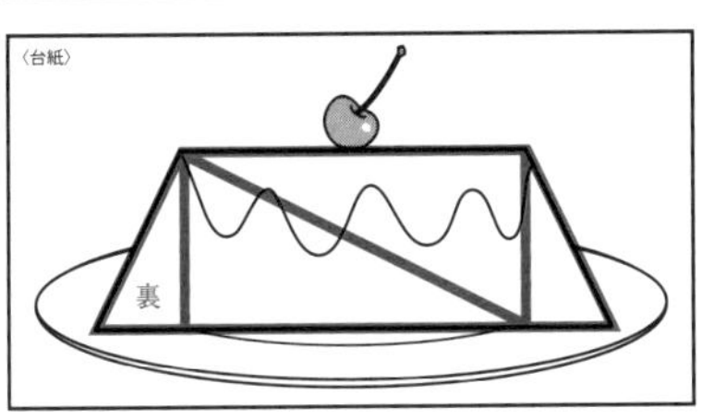

6

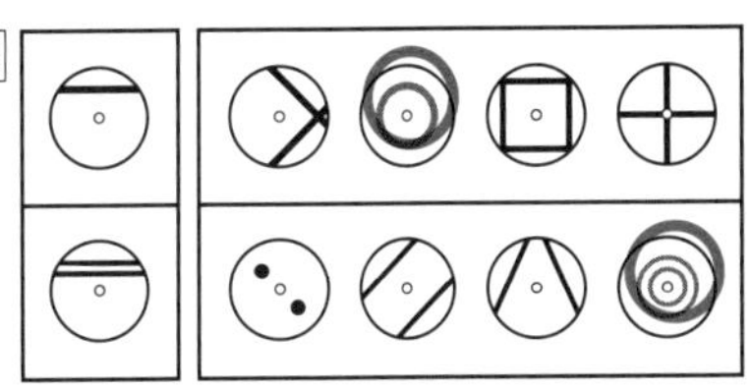

7

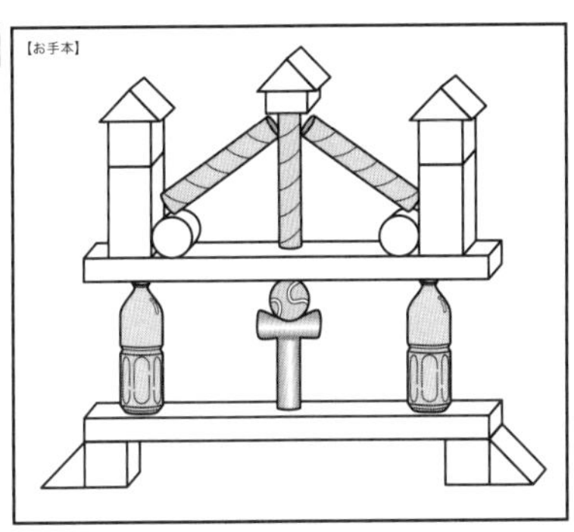

1

2

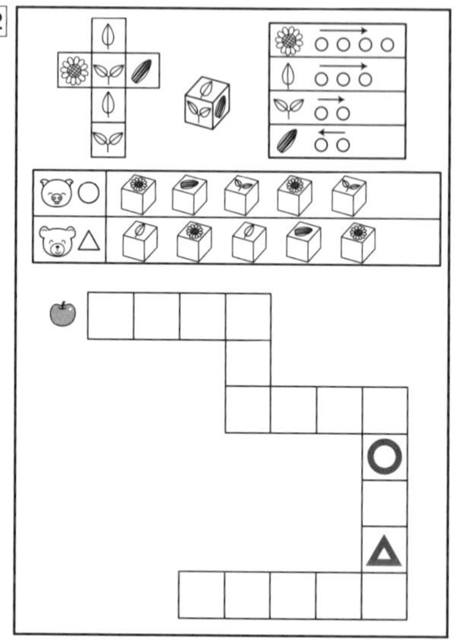

2

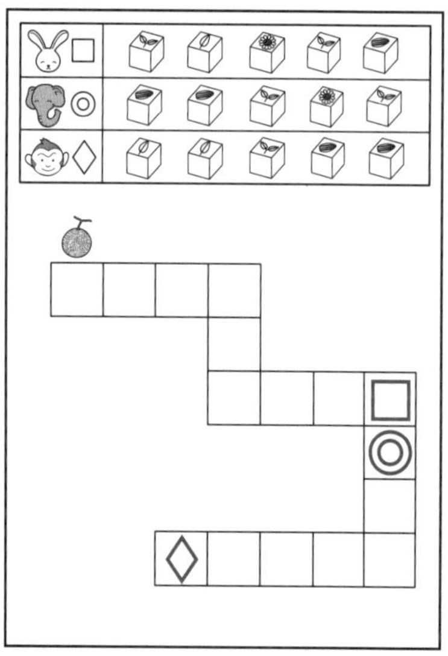

3

4

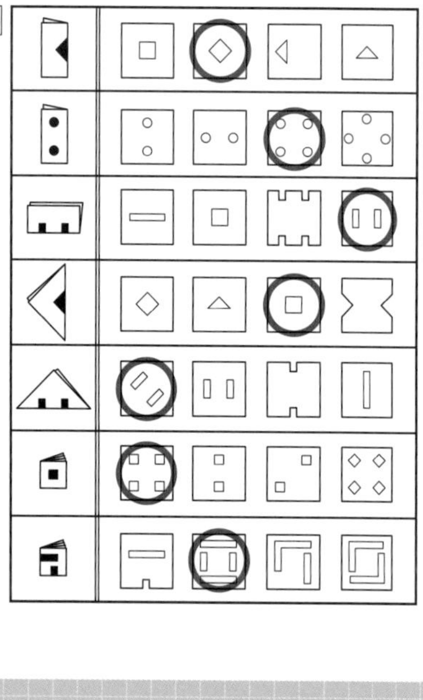

5

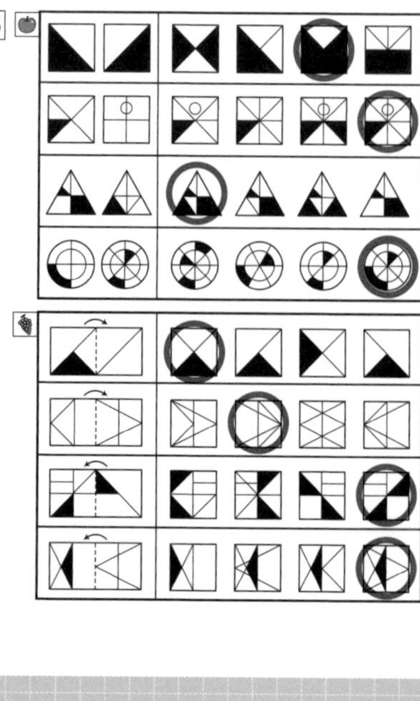

6

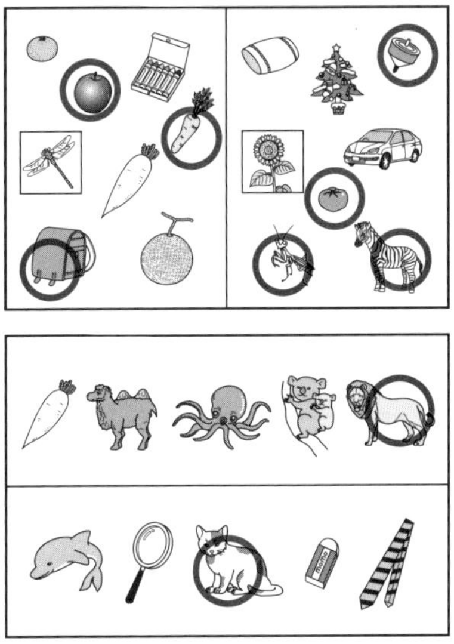

7

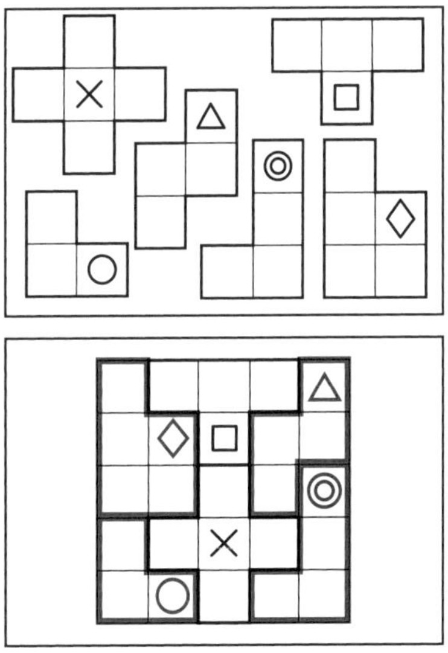

8

9

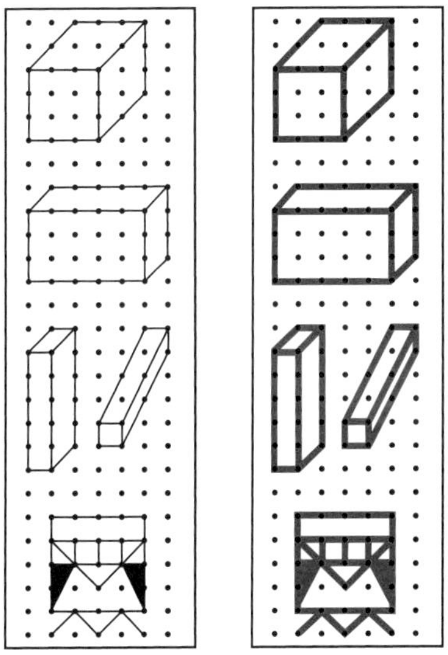

10

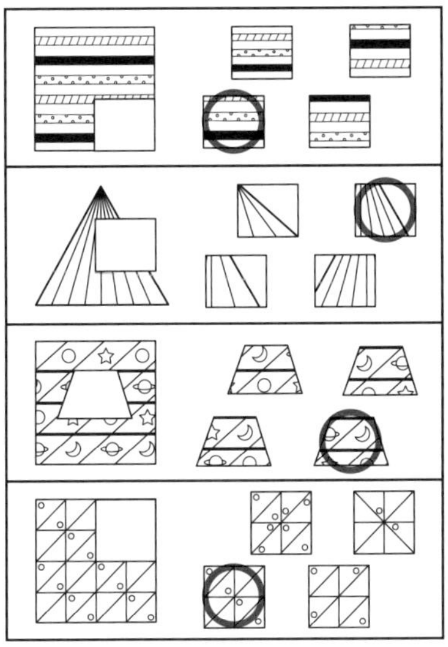

11

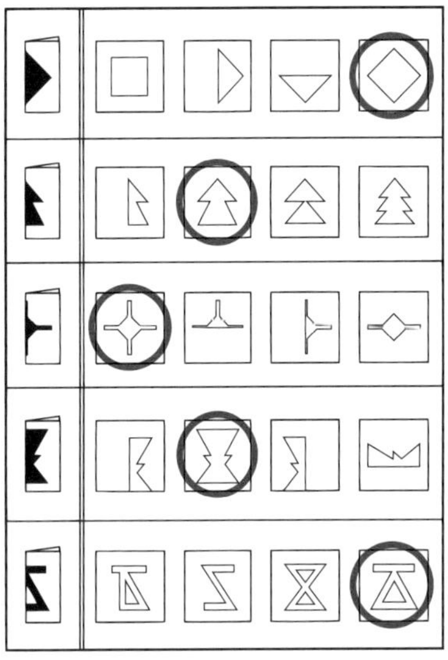

12

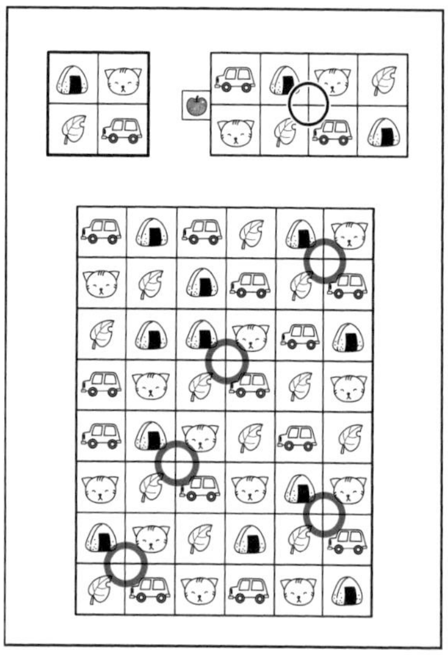

memo

Shinga-kai